Couverture inférieure manquante

COMTE LÉON TOLSTOÏ

Marchez
pendant que vous avez
la Lumière

RÉCIT DU TEMPS DES PREMIERS CHRÉTIENS

TRADUCTION DE E.-W. SMITH

PARIS
ALPHONSE LEMERRE, ÉDITEUR
27-31, PASSAGE CHOISEUL, 27-31

M DCCC XCI

Marchez

pendant que vous avez

la Lumière

Tous droits réservés

COMTE LÉON TOLSTOÏ

Marchez
pendant que vous avez
la Lumière

RÉCIT DU TEMPS DES PREMIERS CHRÉTIENS

TRADUCTION DE E.-W. SMITH

PARIS
ALPHONSE LEMERRE, ÉDITEUR
23-31, PASSAGE CHOISEUL, 23-31

M DCCC XCI

Achevé d'imprimer

le onze décembre mil huit cent quatre-vingt-dix

PAR

ALPHONSE LEMERRE

25, RUE DES GRANDS-AUGUSTINS, 25

A PARIS

Marchez
pendant que vous avez la Lumière

PROLOGUE

Plusieurs amis s'étaient réunis sous le toit hospitalier d'un homme riche. Il arriva un jour que la conversation prit une tournure sérieuse, la Vie Humaine en devint le thème.

Ils parlaient d'eux-mêmes et des personnes absentes, mais, parmi tous leurs amis et leurs connaissances, ils ne pouvaient pas en désigner un seul qui fût satisfait de son genre de vie. Non pas que ces personnes eussent des raisons de se plaindre de la fortune : elles étaient dans des positions aisées, mais aucune d'elles ne pouvait regarder la vie qu'elle suivait comme digne d'un chrétien. Elles avouaient toutes qu'elles gaspillaient leur existence, que leurs pensées ne s'attachaient qu'aux choses temporelles, qu'elles s'intéressaient seulement à elles-mêmes et à leurs familles, enfin, qu'elles pensaient à peine à leurs voisins et encore moins à Dieu.

Ainsi peut se résumer la conversation de ces amis ; et ils étaient étrangement unanimes à trouver qu'ils étaient coupables d'avoir négligé Dieu et d'avoir mené une vie païenne.

« Pourquoi continuer à vivre de cette façon

indigne? » s'écria un jeune homme qui venait de prendre part à la discussion. « Pourquoi continuer à faire ce que nous condamnons? Ne sommes-nous point maîtres de notre propre vie, libres de la changer ou de la modifier à notre gré? Nous voilà parfaitement d'accord sur un point : c'est que notre luxe, notre indolence, notre richesse, et, avant tout, notre orgueil sans bornes qui nous isole de nos frères, nous précipitent dans une ruine irrémédiable. Afin de devenir célèbres et riches, nous sommes forcés de nous priver de tout ce qui fait la joie de la vie humaine; nous vivons entassés dans de grandes cités, nous devenons las et énervés, nous abîmons notre santé, et, en dépit de tous nos amusements et nos plaisirs, nous arrivons à mourir d'ennui et de regret que notre vie soit tellement différente de ce qu'elle devrait être;

Alors, pourquoi vivre ainsi? Pourquoi briser sans pitié notre vie entière et dédaigner les biens inestimables que Dieu nous a donnés? Moi, je ne veux plus me prostituer à une vie semblable à celle du passé. Je renoncerai à mes études, car elles ne peuvent que me conduire à cette existence amère et douloureuse dont vous venez de vous plaindre tous. Je renoncerai à mes biens et propriétés, et je me retirerai à la campagne où je veux passer mes jours avec les pauvres. Je travaillerai parmi eux, je m'habituerai à leurs rudes labeurs, et, dans le cas où ma culture intellectuelle leur serait utile, je la leur donnerai, non pas par l'intermédiaire des établissements et des livres, mais directement, par l'exemple d'une vie travailleuse, vécue fraternellement au milieu d'eux. Oui, » conclut-il en jetant un regard interrogatif vers son père qui l'écoutait debout, « ma décision est prise ! »

Le père du jeune homme lui répondit :

« Votre désir est noble au fond, mais c'est le fruit prématuré d'un cerveau n'ayant pas encore atteint son complet développement. Tout vous semble pratique parce que vous ne connaissez pas encore la vie. Que deviendrions-nous, et le monde entier, si nous ne poursuivions chacun que ce qui nous semble bon et à désirer ? Réaliser toutes ces choses bonnes et désirables est à la fois difficile et complexe. Il n'est pas facile d'accomplir des progrès dans une voie vieille et connue : combien donc serait-il difficile d'avancer dans une voie nouvelle et inconnue ? Une telle tâche n'est bonne que pour ceux qui sont arrivés à un âge mûr et qui ont assimilé le meilleur de tout ce que l'homme puisse atteindre. Cette nouvelle ère vous semble pratique parce que vous êtes jeune et parce que la vie est encore pour vous un livre fermé. Les idées que vous venez d'exprimer sont nées dans l'irréflexion de la jeunesse. En conséquence, il est indispensable que nous, qui sommes plus âgés et plus expérimentés que vous, exercions une influence modératrice sur vos emportements et vous accordions l'avantage de notre expérience. De votre côté, vous devez consentir à être guidé par notre sagesse mûre. »

Le jeune homme se tut. Tout le monde semblait trouver justes les conseils du père.

« Vous avez parfaitement raison, » s'écria un homme marié d'un certain âge. « Sans doute notre jeune ami, dénué comme il l'est d'expérience, peut facilement s'égarer dans les recherches qu'il fait pour découvrir une nouvelle voie dans le labyrinthe de la vie. Sa détermination ne peut pas être regardée comme irrévocable. Toutefois, nous sommes tous d'opinion que la vie que nous menons actuellement ne s'accorde point avec les dictées de nos consciences et qu'elle ne nous procure aucun bien. Nous ne pouvons donc qu'envisager favorablement le désir de faire un changement radical dans notre manière de vivre. Notre jeune ami peut très bien se tromper, et prendre sa fantaisie pour une conclusion logique sortie de son raisonnement ; mais je ne suis plus jeune, et je vous dirai ce que je pense et ce que je ressens sur ce sujet. J'ai suivi attentivement la discussion que nous avons eue ce soir, et la même pensée m'est venue qu'à ce jeune homme. Personnellement, je ne doute point que la vie que je mène maintenant ne peut me donner, soit le bonheur, soit la paix de conscience. La raison et l'expérience me confirment cette pensée. Qu'attends-je, alors? Du matin au soir je travaille pour ma famille, avec le résultat que ma famille et moi, loin de vivre à la hauteur de la loi de Dieu, nous enfonçons de plus en plus profondément dans la boue du péché. On travaille sans cesse pour sa famille, mais à la fin elle ne tire pas le moindre profit de ces efforts, parce qu'ils ne sont pas réellement utiles à la famille. Je me demande souvent s'il ne serait pas mieux de changer tout à fait de vie, de suivre les idées que notre jeune ami vient de nous exposer si clairement, de ne plus penser à ma femme ni à mes enfants, mais seulement au bien-être de mon âme. Ce n'est pas sans raison que saint Paul l'a dit : « Celui qui est marié « s'occupe des choses du monde, cherchant à

« plaire à sa femme... Celui qui n'est pas marié
« s'occupe des choses qui regardent le Seigneur,
« cherchant à plaire au Seigneur... »

Avant qu'il pût achever la citation, toutes
les dames présentes, y compris sa femme, pro-
testèrent avec indignation.

« Il y a longtemps que vous auriez dû avoir
pensé à cela, » s'écria une vieille dame qui
avait suivi la conversation avec attention.
« Vous avez fait votre lit, il faut maintenant
que vous y restiez. Ce serait vraiment trop com-
mode si chaque homme, trouvant difficile de sub-
venir aux besoins de sa famille, pouvait se sous-
traire à ses obligations envers elle en exprimant
tout simplement le désir de sauver son âme ; ce
serait de la fraude et de la bassesse. Un homme
doit pouvoir mener une vie bonne et droite dans
le sein de sa famille. Se sauver seul ne demande

pas une grande habileté ; de plus, c'est même contraire à l'enseignement du Christ. Dieu nous commande d'aimer les autres, et vous voilà ici désireux de faire mal aux autres, et cela dans l'intérêt de Dieu. La vérité, la voici : Un homme marié a certains devoirs et obligations bien définis qu'il ne doit point négliger. Il n'en est pas de même lorsque chaque membre d'une famille a reçu les soins nécessaires pour le lancer dans la vie et se trouve dans une situation indépendante. Alors l'homme peut faire ce qu'il veut. Mais assurément il n'a pas le droit de briser les liens de la famille et d'en disperser les membres. »

L'homme marié ne put accepter ces définitions des devoirs d'un mari et d'un père.

« L'abandon de la famille n'entre pas dans mes idées, » répondit-il ; « je soutiens seulement qu'il est de mon devoir d'élever mes enfants d'une manière qui n'est pas généralement acceptée, que je ne dois pas les accoutumer à vivre dans leurs propres plaisirs ; mais, comme on vient de nous dire, les habituer aux privations, au travail, leur enseigner à aider leurs semblables, et, avant tout, à envisager tout homme comme un frère. Dans ce but, il est indispensable de renoncer aux distinctions et aux richesses. »

« Il est absurde de vouloir former les autres à cette nouvelle vie pendant que vous êtes vous-même plus loin de cette vie que n'importe lequel d'entre nous, » s'écria son épouse dépitée. « Vous, vous avez toujours vécu dans le luxe, depuis votre enfance jusqu'à ce jour. Pourquoi donc voulez-vous torturer votre femme et vos enfants ? Laissez-les vivre en paix et choisir pour eux-mêmes le chemin dans la vie qui leur semble bon, mais ne leur imposez pas telle ou telle façon de vivre. »

A cette tirade, l'homme marié ne répondit pas, mais un homme âgé qui était assis près de lui, s'exprima ainsi :

« Sans doute, il est parfaitement vrai qu'un homme marié qui a accoutumé sa femme et ses enfants à l'aisance et au confortable, ne devrait pas les en priver tout d'un coup. Il y a aussi beaucoup de vrai dans cet argument qu'une fois l'éducation des enfants commencée d'après certains principes, il est préférable de la continuer et de la compléter que de l'arrêter pour recommencer sur des bases différentes, surtout lorsqu'on sait que les enfants eux-mêmes, arrivés à l'âge de raison, ne manqueront pas de choisir la voie qui leur convient le mieux. Je suis donc d'avis qu'il est difficile, qu'il est même criminel pour un homme marié de changer sa vie. Il n'en est pas de même pour nous qui sommes vieux, et auxquels Dieu lui-même, pour ainsi dire, a commandé de changer de vie. Vous me permettez, n'est-ce pas, de parler de moi-même : Je vis presque sans avoir ni devoirs, ni obligations quels qu'ils soient ; je vis, et je vous dis la vérité, uniquement pour mon estomac. Je mange, je bois, je dors, — et je suis dégoûté d'une existence semblable. Il est certainement temps maintenant pour moi d'abandonner cette vie misérable et de vivre enfin, à la veille de ma mort, comme Dieu l'a ordonné aux chrétiens. »

Mais le vieillard ne trouva pas d'appui parmi ceux qui l'entendaient. Sa nièce, son filleul, dont les enfants avaient été tenus par lui au baptême et depuis gâtés de cadeaux, et son propre fils, s'opposèrent aux idées du vieillard.

« Non, non, » dit le fils, « vous avez assez travaillé pendant votre vie, il est juste maintenant que vous vous reposiez et que vous ne vous tuiez pas tout à fait. Vous avez vécu soixante ans dans les mêmes habitudes et les mêmes goûts, et ce n'est pas à cette époque de votre vie que vous devez penser à les changer. Un tel désir de votre part vous procurera de grandes angoisses, mais aucun résultat ne pourrait les compenser. »

« Précisément ! » interposa la nièce. « Et quand vous serez dans le besoin vous aurez des moments de mauvaise humeur, et vous vous plaindrez sans cesse. Par conséquent, vous pécheriez plus profondément à la face de Dieu qu'auparavant. Encore, Dieu est plein de miséricorde, il pardonne à tous ceux qui ont péché;

il sera donc tout prêt à pardonner à un cher oncle comme vous. »

« Et pourquoi nous occuperions-nous de cette affaire? » demanda un autre vieillard. « Vous et moi, nous n'avons peut-être qu'un jour ou deux à vivre; pourquoi les gaspiller en faisant des plans et des projets?

« C'est étrange! Incompréhensible! Vous voilà tous d'accord que nous devons vivre suivant la loi de Dieu, qu'actuellement nous vivons tous dans le mal et le péché, que nous en souffrons en corps et en âme, mais quand il s'agit de mettre nos conclusions en pratique, nous cherchons à faire des exceptions pour nos enfants, qui, chose bizarre, ne doivent pas être accoutumés à la nouvelle vie, mais éduqués d'après les anciennes idées que nous condamnons. De plus, les jeunes gens ne doivent pas s'opposer à la volonté de leurs parents, et au lieu d'accepter la nouvelle vie, ils doivent se tirer d'affaire en suivant les anciens errements. Les hommes mariés n'ont pas le droit d'imposer cette meilleure vie à leurs femmes et à leurs enfants, et ils doivent continuer avec leur famille la vie qu'ils condamnent. Quant aux vieillards, ils ne se sont pas accoutumés à ces nouvelles habitudes, — et il ne leur reste que quelques jours à peine à vivre. Il semblerait donc que personne ne doive mener une vie bonne, droite et morale; le plus qu'on peut faire, c'est de disserter sur les avantages qu'elle pourrait offrir. »

CHAPITRE I

Ceci se passait sous le règne de l'empereur romain Trajan, cent ans après la naissance du Christ. Les disciples du Christ étaient encore dans la chair, et les chrétiens de ces jours respectaient scrupuleusement la loi du Maître, comme l'auteur des Actes des Apôtres nous le dit :

« Or, ils persévéraient tous dans la doctrine des apôtres, dans la communion, dans la fraction du pain et dans les prières. Et tout le monde avait de la crainte, et il se faisait beaucoup de miracles et de prodiges par les apôtres. Et tous ceux qui croyaient, étaient ensemble dans un même lieu, et avaient toutes choses communes ; ils vendaient leurs possessions et leurs biens, et les distribuaient à tous, selon le besoin que chacun en avait. Et ils étaient tous les jours assidus au temple d'un commun accord, et rompant le pain de maison en maison, ils prenaient leurs repas avec joie et simplicité de cœur, louant Dieu, en étant agréable à tout le peuple ; et le Seigneur ajoutait tous les jours à l'Église des gens pour être sauvés. »

Durant ces premières années du christianisme il vint en Cilicie, dans la ville de Tarse, un riche marchand de pierres fines, nommé

Juvénal. Il était sorti de très bas, mais, à force de travail et d'expérience dans son métier, il était devenu très riche et très considéré par ses concitoyens. Il avait beaucoup voyagé, et, quoiqu'il n'eût aucune prétention à être regardé comme un savant, il avait beaucoup vu et beaucoup retenu ; ses compatriotes le respectaient pour sa saine intelligence et son excellente appréciation de la justice. Il professait la foi de Rome païenne, la religion à laquelle tous les citoyens honorables de l'Empire romain appartenaient et dont les formes et cérémonies mises en pratique sous le régime de l'empereur Auguste, furent rigoureusement observées par l'empereur Trajan. La province de Cilicie est assez loin de Rome ; mais elle était sous la domination d'un gouverneur romain, et les effets du progrès ou de la réaction qui influençait Rome furent ressentis en Cilicie, car ses gouverneurs étaient toujours empressés à imiter en toutes choses leur empereur.

Juvénal se rappelait les histoires qu'il avait entendues pendant sa jeunesse sur la vie et la mort de Néron. Il se souvenait comment les empereurs, l'un après l'autre, avaient fini par une mort violente, et, en observateur sagace, il voyait qu'il n'y avait rien de sacré, ni dans le pouvoir romain ni dans la religion romaine : que tous les deux étaient l'œuvre des hommes. Cette même sagacité lui faisait voir l'inutilité d'une révolte contre l'autorité impériale, et la nécessité, pour sa propre paix et son bonheur, de se soumettre à l'ordre des choses établies. Mais malgré cela, il était souvent stupéfié de la vie désordonnée qui l'entourait, et surtout de la vie à Rome même, où ses affaires l'appelaient assez souvent. Dans ces moments il était possédé de doutes inquiétants ; mais il retrouvait toujours son calme habituel lorsqu'il songeait que son esprit était trop borné pour lui permettre de comprendre les choses dans leur ensemble, et trop indiscipliné pour lui permettre de déduire les conclusions justes de ce qu'il voyait. Il était marié, avait été père de quatre enfants, dont trois étaient morts en bas âge. Le fils qui lui restait était appelé Julius.

En Julius fut concentré tout son amour ; il était l'objet de ses soins les plus tendres. Son but spécial était d'élever ce garçon de façon à lui épargner les douleurs terribles qu'il avait souffertes lui-même, à cause de ses doutes et de ses perplexités sur les problèmes de la vie.

Lorsque Julius atteignait sa quinzième année, son père le confiait aux soins d'un philosophe qui était venu à la ville pour chercher des élèves. A ce professeur il donnait non seulement Julius, mais le camarade de son fils, Pamphilius, fils d'un esclave affranchi qui venait de mourir. Les jeunes gens étaient du même âge, tous les deux beaux garçons, et unis d'une étroite amitié.

Ils s'appliquaient sérieusement à leurs études et faisaient de grands progrès. Ils étaient aussi, tous les deux, d'une conduite excellente. Julius montrait une prédisposition pour les lettres et les mathématiques, tandis que les goûts de Pamphilius le poussaient vers l'étude de la philosophie.

Un an avant la fin des études prescrites, Pamphilius venait à l'école pour faire part au professeur de l'intention de sa mère, de quitter la ville et de s'établir auprès de ses amis, dans la petite ville de Daphne. Il était de son devoir de l'accompagner et de l'aider, et par conséquent il serait forcé de se retirer de l'école et de mettre fin ainsi à ses études.

Le maître regrettait de perdre un élève qui faisait tant honneur à son enseignement. Juvénal regrettait aussi le départ de l'ami de son fils ; mais personne ne ressentit la perte si vivement que Julius. Pamphilius faisait l'oreille sourde à toutes les prières qui lui étaient faites de rester encore une année pour achever ses études. Remerciant ses amis des preuves nombreuses d'affection qu'ils lui avaient données, il prit congé d'eux et s'en alla.

Deux années s'écoulèrent. Julius avait terminé ses études sans avoir revu son ami une seule fois. Un jour, il fut agréablement surpris de le rencontrer dans la rue. Il l'invita à venir chez son père, où il lui fit subir un interrogatoire pour savoir comment il avait vécu depuis leur séparation. Pamphilius lui dit qu'il vivait toujours avec sa mère, dans la même ville.

« Mais nous ne vivons pas seuls, » ajouta-t-il ; « nous avons beaucoup d'amis avec nous, avec lesquels nous mettons nos ressources en commun. »

« Qu'est-ce que cela veut dire : en commun ? » demanda Julius.

« Nul ne considère une chose comme appartenant à lui seul, comme sa propriété exclusive. »

« Pourquoi faites-vous cela ? »

« Parce que nous sommes chrétiens, » répondit Pamphilius.

« Est-ce possible ! » s'écria Julius.

Être chrétien, à cette époque, était à peu

près la même chose qu'être conspirateur aujourd'hui. Sitôt qu'une personne était convaincue d'appartenir à la secte chrétienne, elle était arrêtée, jetée en prison, mise à mort si elle refusait d'abjurer sa foi. C'était la connaissance de toutes ces choses qui terrifia Julius quand il apprit que son camarade avait embrassé la nouvelle foi. Il avait entendu des horreurs incroyables des chrétiens.

« On me dit que les chrétiens tuent leurs enfants et les mangent. Se peut-il que vous preniez part à de pareilles atrocités? »

« Venez voir par vous-même, » répondit Pamphilius; « nous ne faisons rien hors de l'ordinaire ; nous vivons très simplement, en essayant de ne pas faire le mal. »

« Mais comment est-il possible de vivre en ne regardant rien comme vous appartenant? »

« Nous nous aidons mutuellement ; si nous travaillons pour nos frères, à leur tour, ils partagent avec nous les fruits de leurs travaux. »

« Si, par hasard, vos frères acceptaient vos services et ne vous donnaient rien en retour ? » insista Julius.

« Nous n'avons pas de telles personnes parmi nous. Celles-là ont le goût de la vie de luxe, et ce n'est pas dans notre colonie qu'elles viendraient chercher la réalisation de leurs désirs. Notre vie est simple, sans luxe et à peine confortable. »

« Oui, mais il existe toujours un nombre assez considérable de paresseux qui ne demandent pas mieux que d'être abrités et nourris aux dépens des autres. »

« Il est vrai qu'il y a de telles personnes ; nous les recevons comme les bienvenus. Dernièrement nous avons eu un homme de cette classe, un esclave évadé. D'abord il menait la vie paresseuse d'un vaurien, mais bientôt il s'est amendé et il est devenu un excellent frère. »

« S'il ne s'était pas amendé ? »

« Il y en a de cette catégorie aussi. Notre doyen, Cyril, dit qu'il nous est spécialement demandé de traiter ces hommes-là comme les plus aimés de nos frères, et de ne pas laisser échapper une occasion de leur donner des preuves de notre amour. »

« Mais est-il possible d'aimer des canailles ? »

« On n'a pas tort d'aimer ses semblables. »

« Dites-moi, » demanda Julius, « comment pouvez-vous arriver à donner à chacun ce qu'il lui plaît de vous demander ? Je sais très bien que si mon père accueillait toutes les demandes qui lui sont faites, il serait bientôt aussi pauvre qu'à sa naissance. »

« Je ne puis pas vous dire comment, » répondit Pamphilius, « mais nous avons toujours assez pour satisfaire à nos besoins. Et s'il arrivait que nous n'ayons rien à manger, ou que nous nous trouvions sans vêtements, nous demanderions ce qui nous serait nécessaire aux autres chrétiens et ils ne nous le refuseraient pas. Il est très rare, du reste, que nous soyons réduits à cette extrémité. Il ne m'est arrivé qu'une fois de me coucher le soir sans souper, et, ce soir-là, ce fut surtout parce que j'étais tellement fatigué que je ne me sentais pas disposé à aller trouver l'un de mes frères pour lui demander un repas. »

« Eh bien, je ne prétends pas savoir comment vous arrangez ces choses, » dit Julius,

« mais mon père m'affirme que s'il ne gardait pas ses biens avec soin, s'il donnait à tous ceux qui viennent mendier, il serait bientôt sans maison et réduit à la misère. »

« Nous ne mourons pas de faim, mais venez nous voir. Non seulement sommes-nous vivants et à l'abri du besoin, mais nous avons même du superflu. »

« Comment expliquez-vous cela? »

« Voici : Nous nous soumettons tous à une seule et unique loi. Le degré de force que nous possédons pour l'observer varie beaucoup, les uns étant mieux doués que les autres. Par exemple, une personne peut atteindre la perfection d'une vie exemplaire pendant qu'une autre se débat encore contre les premières difficultés qui se dressent devant le prosélyte dans cette nouvelle vie. Élevés au-dessus de nous tous sont le Christ et sa vie : notre but est de les imiter. En ceci nous reposons notre bonheur. Quelques membres de cette colonie, — le doyen Cyril, par exemple, et la femme Pélégea, — sont plus avancés que nous; d'autres se rapprochent d'eux; d'autres encore sont en arrière; mais nous marchons tous dans la même direction, dans la même voie.

« Les premiers sont déjà près de la loi du Christ — l'abnégation de soi, — ayant perdu leurs âmes afin d'atteindre la récompense. Les hommes de cette force n'ont plus besoin de rien. Ils n'ont aucune pitié pour eux-mêmes, et pour satisfaire à la loi du Christ ils donneraient volontiers la dernière croûte et le dernier vêtement à celui qui les demanderait. Il y en a d'autres, — âmes plus faibles, — qui ne peuvent pas encore sacrifier tout. Ils fléchissent et se prennent en pitié. Privés de leur nourriture et de leurs vêtements ordinaires, ils perdent la force et ne peuvent encore se résoudre à donner ce qu'on leur demande. Il y en a encore de plus faibles que ces derniers : ceux qui viennent de s'engager dans la bonne voie. Ils vivent comme auparavant, gardant autant qu'ils peuvent pour leur propre usage et ne donnant l'aumône que de leur superflu. Ces soldats de l'arrière-garde fournissent une aide matérielle et un appui à ceux qui sont dans les premiers rangs de notre société.

« De plus, on ne doit pas perdre de vue que nous avons tous des attaches avec les païens ; l'un de nos frères a un père qui vit encore dans la vie idolâtre ; il a une propriété et il fait une pension à son fils. Celui-ci distribue son argent en aumônes, et, en temps utile, reçoit encore une somme de son père. Un autre a une mère païenne qui a pitié de son fils et lui envoie de l'argent. Dans d'autres cas, ce sont les enfants qui sont païens pendant que la mère est chrétienne. Les enfants, voulant assurer le bien-être de leur mère, lui donnent ce qu'ils peuvent en la conjurant de ne pas distribuer la somme parmi les autres. Elle accepte les subsides à cause de son amour pour ses enfants ; mais, sur-le-champ, elle les donne aux autres. Dans d'autres cas, la femme est païenne, le mari chrétien, ou *vice versâ*.

« C'est ainsi que nous sommes mêlés. Ceux dans les premiers rangs sont heureux de donner la dernière croûte ou le dernier haillon, mais ils ne peuvent pas, car la dernière croûte ou le dernier haillon est toujours remplacé par un autre. De cette façon, les faibles sont fortifiés dans leur foi, et ceci explique aussi pourquoi nous ne sommes jamais sans le superflu. »

A ces explications, Julius répondit :

« S'il en est ainsi, il est évident que vous déviez considérablement de l'enseignement du Christ ; — vous mettez *paraissant* à la place d'*étant*. — Si vous ne donnez pas tout, il n'y a aucune différence entre vous et moi. Suivant moi, si vous prétendez être chrétien, vous devez l'être entièrement, vous conformant à la loi jusqu'en ses dernières prescriptions, distribuant tout ce que vous possédez en aumônes et restant vous-même un mendiant. »

« C'est vrai, » accorda Pamphilius, « ce serait le meilleur de tout. Pourquoi ne faites-vous pas cela ? »

« Je le ferai quand vous, chrétiens, me donnerez l'exemple. »

« Oh ! nous ne voulons rien faire pour la réclame. Je ne vous conseillerai non plus ni de venir à nous, ni de renoncer à votre entourage actuel seulement pour faire de l'effet. Tout ce que nous entreprenons est en vertu de notre foi. »

« Que voulez-vous dire par l'expression : en vertu de notre foi ? »

« Je voulais dire que nous croyons que le salut des maux de ce monde, de la mort, ne se trouve que dans une vie telle que le Christ l'a comprise. Ce que dira le monde, cela nous est égal. Nous vivons d'après nos principes, non pas pour plaire aux autres, mais parce que nous voyons dans ces principes le seul moyen d'obtenir la vie et le bonheur. »

« Il est impossible de ne pas vivre pour soi-même, » objecta Julius, « les dieux ont voulu que ce fût une partie de notre nature que nous nous aimions plus tendrement qu'autrui, et que nous ne cherchions que notre propre jouissance. C'est exactement ce que vous faites, vous, chrétiens. Vous venez d'admettre vous-même que la pitié que ressentent beaucoup de vos frères est pour eux-mêmes. Ils rechercheront de plus en plus activement leurs propres plaisirs, et par conséquent rejetteront graduellement les enseignements de votre foi, en quoi ils feront absolument ce que nous faisons. »

« Non, non, » répondit Pamphilius ; « nos frères poursuivent un autre chemin ; ils ne faibliront point, mais ils deviendront, au contraire, de plus en plus forts, — comme le feu qui ne s'éteint pas tant que l'on amoncelle les bûches. — Telle est la force de la foi. »

« Et je ne vois pas encore en quoi consiste cette foi. »

« Voici notre foi : nous comprenons la vie telle que le Christ l'a interprétée. »

« Et c'est ?... »

« Le Christ racontait la parabole suivante : « Certains ouvriers travaillaient à une vigne « plantée par un propriétaire auquel ils étaient « forcés de donner une partie de la récolte. » Nous qui vivons dans le monde, nous sommes ces ouvriers ; nous sommes forcés de payer tribut à Dieu, d'accomplir sa volonté. Mais ceux qui vivaient dans le monde et partageaient les idées du monde, s'imaginaient que la vigne leur appartenait, qu'ils n'avaient rien à payer pour l'usage et qu'ils pouvaient jouir librement de ses fruits. « Le propriétaire envoya un servi- « teur pour toucher le tribut, mais les occu-

« pants le chassèrent. Alors il envoya son fils,
« mais ils le tuèrent, pensant qu'après cela
« personne ne s'occuperait plus de l'affaire. »
Voilà la foi de ce monde, la foi d'après laquelle
vivent les hommes. Ils ignorent que la vie
nous est donnée afin d'être dépensée pour la
plus grande gloire de Dieu. Le Christ nous a
enseigné que la foi de ce monde, c'est-à-dire
chasser l'envoyé et le fils du propriétaire du
jardin et refuser de payer tribut, est fausse,
parce que tout homme doit payer tribut ou
être mis à la porte de la vigne. Il nous a enseigné aussi que ce que nous appelons le plaisir :
manger, boire, s'amuser, n'est pas le plaisir
et ne peut l'être si nous en faisons le but de
notre vie; qu'il ne devient le vrai plaisir que
lorsque nous reposons notre bonheur sur une
autre base — l'accomplissement de la volonté

de Dieu ; — alors, et alors seulement, on jouit du plaisir comme de quelque chose d'ajouté et de compatible avec l'exécution des commandements divins. Souhaiter le plaisir sans la peine d'obéir à la volonté de Dieu, éplucher les fleurs d'entre les épines du travail, pour ainsi dire, est aussi insensé que vouloir cueillir des tiges et les planter sans leurs racines. C'est là notre foi, et c'est en vertu de cette foi que nous refusons de chercher l'illusion au lieu de la vérité. Nous savons que le bonheur de la vie n'est point lié à ses plaisirs, mais que ce bonheur repose dans l'accomplissement de la volonté de Dieu, sans que nous entretenions une pensée ou un espoir d'aucun plaisir. Par conséquent, nous vivons suivant les principes que je vous ai énoncés ; et plus longtemps nous vivons, plus clairement nous percevons que le bonheur et le plaisir suivent de très près l'observation de la volonté divine, comme les roues d'une charrette suivent les brancards. Notre Maître disait : « Venez à moi, vous tous qui êtes travaillés et « chargés, et je vous soulagerai. »

Ainsi parlait Pamphilius. Julius l'écoutait avec une attention fixe, et son cœur était touché par ce qu'il entendait. Mais, après tout, il n'apprécia pas entièrement la portée de ce que Pamphilius venait de dire. A un moment, il soupçonnait son ami d'avoir essayé de le tromper, mais un instant plus tard, après avoir regardé dans les yeux calmes et sincères de son ami, il se persuada que Pamphilius se trompait lui-même.

Pamphilius invitait son ami à le visiter, pour étudier la vie de la colonie de près, et, si cela lui plaisait, s'installer parmi les chrétiens pour le reste de sa vie. Julius promit de faire cette visite.

Il le promit, mais il ne tint pas parole. Entraîné par la vie étourdissante d'une grande cité, il oublia bientôt tout ce que Pamphilius lui avait dit. Il paraissait avoir une peur instinctive que la vie des chrétiens n'eût trop d'attraits pour lui; pour ne pas être trop tenté, il se la dépeignait à lui-même comme une existence dans laquelle on était forcé de renoncer au côté gai de la vie. Et il ne pouvait s'amener à l'idée d'abandonner les plaisirs parce qu'il en avait fait le centre et le but de sa vie. Il blâmait et condamnait les chrétiens, et il attachait une grande valeur à ces condamnations, parce qu'il craignait qu'un jour peut-être il cesserait de les condamner : et pour cette raison il ne négligeait aucune occasion de chercher des défauts dans le christianisme. Chaque fois qu'il se trouvait dans la société des chrétiens, il découvrait un prétexte pour censurer leur conduite. Quand il les voyait dans le marché vendre des fruits et des légumes, il se disait, et quelquefois il leur disait : « Vous prétendez ne rien posséder et vous voilà ici en train de vendre vos produits pour de l'argent au lieu de les donner pour rien à ceux qui les veulent. Vous vous trompez, et vous trompez les autres. » Il refusait de prêter l'oreille aux explications par lesquelles les chrétiens essayaient de lui persuader qu'il était nécessaire et juste de vendre leurs marchandises au marché et ne pas les donner aux passants. S'il voyait un chrétien bien habillé, il ne manquait jamais de lui faire des reproches sur son inconséquence, en lui demandant pourquoi il n'avait pas donné son habit. Il était indispensable pour son bonheur que les chrétiens eussent tort, et puisqu'ils ne niaient jamais qu'ils avaient tort, ils étaient toujours coupables à ses yeux. Il les regardait comme des pharisiens, des trompeurs, dont la force résidait dans leurs phrases colorées et la faiblesse de leurs actes. Et de lui-même il disait, pour faire le contraste : « Au moins, je prêche ce que je fais, pendant que vous dites une chose et en faites une autre. » S'étant persuadé qu'il en était vraiment ainsi, il se sentait tout à fait rassuré et continuait à vivre comme auparavant.

CHAPITRE II

De sa nature, Julius était d'une disposition douce et aimable; mais, comme presque tous les jeunes gens de son époque et de son pays, il était propriétaire d'esclaves qu'il punissait d'une manière barbare quand ils négligeaient de remplir ses ordres, ou bien quand il était lui-même de mauvaise humeur. Il possédait une collection de précieux et inutiles bibelots et de riches habillements auxquels il faisait continuellement des additions. Il aimait aussi les théâtres et les spectacles. Sa jeunesse lui procurait toujours des maîtresses, et, souvent, dans la société de ses amis, il s'abandonnait aux excès du boire et du manger. En un mot, sa vie se passait gaiement et doucement, — comme il lui semblait, car il ne pouvait pas en surveiller le cours. Elle se composait presque exclusivement d'amusements dont le nombre était tellement grand qu'il avait à peine le temps d'y penser.

Deux années s'écoulèrent ainsi et lui parurent délicieuses; Julius s'imaginait que toute sa vie allait s'écouler aussi agréablement. Mais dans la nature des choses cela est absolument impossible, parce que dans une vie semblable à celle que menait Julius, il est indispensable d'augmenter et d'intensifier les amusements afin de maintenir le niveau du plaisir. Si, au commencement, il adorait déguster un verre de bon vin avec un ami, le plaisir s'amoindrissait après quelques répétitions, et il trouvait bientôt nécessaire de boire deux ou trois verres de vin de meilleure qualité afin d'en tirer la même somme de jouissance. Si, au commencement, il lui était agréable de passer une ou deux heures en conversation avec un ami, le plaisir disparaissait bien vite, et, afin de passer ces heures avec une satisfaction égale à celle qu'il ressentait au commencement, il devenait nécessaire de substituer une jeune fille à son ami ; et, plus tard, même cette substitution ne lui suffisait plus et il demandait autre chose. Enfin, ce nouvel arrangement perdait son charme ; les mêmes amies devenaient ennuyeuses et il était forcé de changer cela encore. Il fut ainsi avec tous ses plaisirs, tous ses amusements! Afin d'en tirer le même plaisir, il était nécessaire de les augmenter et de les intensifier, de faire de plus grandes demandes sur la coopération des autres, et pour ceux qui par hasard ne sont pas des souverains il n'y avait et il n'y a qu'une façon de faire que les autres répondent à vos désirs, — il faut les payer... Il en était ainsi avec Julius. Il s'adonnait aux plaisirs charnels, et, n'étant pas un souverain, il ne pouvait ordonner aux autres de se conformer à ses désirs, et pour acheter leur coopération et agrandir ses plaisirs, il lui fallait employer l'argent.

Le père de Julius était riche, et, comme il aimait et était fier de son unique fils, il ouvrait largement sa bourse pour permettre à Julius de jouir de tout. Sa vie était, par conséquent, celle de tous les jeunes gens riches,

— c'est-à-dire une vie de paresse, de luxe et de débauche, — amusements qui ont toujours été et qui seront toujours les mêmes, le vin, le jeu et les courtisanes.

Mais ces plaisirs absorbaient des sommes de plus en plus importantes, et les ressources de Julius étaient souvent épuisées. Un jour qu'il demandait à son père une somme plus forte qu'à l'ordinaire, son père, tout en accordant la somme demandée, fit des reproches à son fils sur sa prodigalité. Il se sentit coupable et comprit que les reproches de son père étaient bien mérités, mais il ne pouvait pas admettre sa culpabilité; il se mit en colère et injuria son père, — ce qui arrive ordinairement aux personnes qui se savent fautives, mais qui ne veulent pas l'admettre. L'argent fut vite gaspillé. Ce qui est pire, Julius et un camarade ivrogne cherchèrent querelle à un homme dans la rue et le tuèrent. Le préfet de la ville, mis au courant de ce qui s'était passé, ordonna l'arrestation de Julius; mais son père, après des démarches considérables, réussit à obtenir sa grâce. Pendant ce temps, les demandes sur la bourse de Julius, qui résultaient des difficultés dans lesquelles ses plaisirs le plongeaient, devenaient plus grandes et plus fréquentes. Il emprunta une somme considérable à un camarade en promettant de la rembourser bientôt. Sa maîtresse choisit précisément ce moment pour demander de nouveaux cadeaux; elle s'était éprise d'une chaîne de perles et Julius voyait que s'il ne satisfaisait pas son caprice dans cette affaire elle l'abandonnerait et le remplacerait par un homme riche qui avait souvent essayé de le supplanter. Dans tous ces embarras

Julius s'adressait à sa mère, lui disant que coûte que coûte l'argent était indispensable, et que si elle ne pouvait pas le trouver il se suiciderait.

Il rejetait la responsabilité de sa situation embarrassée sur son père; il ne se reprochait rien du tout.

« Mon père, » disait-il, « m'a accoutumé dès la première heure à une vie luxueuse, et maintenant il recule et me refuse les fonds nécessaires pour mener cette vie. Si au commencement il m'avait donné sans observation les sommes qu'il m'a données plus tard, j'aurais pu arranger ma vie très confortablement et écarter le besoin. Mais il persiste à ne me donner l'argent qu'en petites sommes; je ne possède jamais assez pour mes besoins, j'ai été forcé d'avoir affaire à des usuriers qui me ruinent, et maintenant qu'il me manque le nécessaire pour mener la vie à laquelle je suis accoutumé et que demande ma position sociale, j'ai honte de rencontrer mes amis et mes compagnons. Mon père refuse obstinément de se mettre à ma place et de se rendre compte de mon embarras. Il oublie aussi qu'il a été jeune. Comment! C'est lui qui est à blâmer pour tout ce que je souffre maintenant, et s'il ne me donne la somme que je lui demande, je me tuerai. Voilà tout. »

La mère, qui avait toujours gâté son enfant, allait directement à son mari. Celui-ci les mandait tous les deux auprès de lui et leur faisait d'amers reproches. Julius répondait d'une façon insolente. Son père le frappait. Il saisissait son père par la main. Son père appelait des esclaves qui liaient Julius et l'enfermaient sur son ordre.

Dans la solitude de sa chambre, Julius maudissait son père et sa vie. Sa propre mort, ou la mort de son père, semblait la seule solution de la situation désespérée dans laquelle il se trouvait.

La mère de Julius souffrait infiniment plus que son fils. Elle ne se demandait pas qui avait tort dans ce différend. Elle n'avait qu'un seul sentiment, la pitié pour son malheureux enfant. Elle allait de nouveau trouver son mari et lui demandait grâce pour son fils. Au lieu d'entendre les excuses qu'elle voulait faire pour expliquer la conduite de Julius, le mari l'injuriait et l'accusait d'avoir démoralisé son fils. Elle couvrait son mari d'outrages à son tour, et la scène se terminait par le mari battant sa femme. Oubliant le résultat fâcheux de cette première intervention, elle cédait encore à son instinct de mère qui la poussait à aller trouver son fils et le prier de demander pardon à son père. Pour le dédommager de ce sacrifice, elle lui promettait de lui trouver la somme dont il avait besoin sans que son père le sût. Julius consentait, et alors elle retournait vers son mari pour implorer la grâce de son fils. D'abord il accablait la mère d'outrages, mais à la fin il consentait à pardonner à son fils, à la condition que ce dernier abandonnerait à jamais sa vie déréglée et qu'il épouserait la fille d'un certain riche marchand dont il se chargeait d'obtenir le consentement.

« Il recevra de l'argent de moi et la dot de sa femme, » ajoutait le père. « Qu'il recommence alors à mener une vie ordonnée. S'il promet de faire ma volonté en ceci, je lui pardonne. Pour le moment, je ne lui donnerai rien, et à sa première incartade je le remettrai entre les mains de la justice. »

Julius acceptait les conditions imposées par son père et était mis en liberté. Il s'engageait à se marier et à s'amender ; mais il n'avait aucune intention de faire ni l'un ni l'autre. Sa vie sous le toit paternel devint un enfer. Son père bientôt ne lui adressa plus la parole, mais, d'un autre côté, fit des reproches continuels à la mère sur le compte de son fils. La mère était presque toujours en larmes.

Le jour après sa mise en liberté, la mère l'appela auprès d'elle et lui remit des pierres fines qu'elle avait dérobées à son mari. « Les voici, » dit-elle, « prenez-les et les vendez ; mais pas ici, dans une autre ville, et faites alors ce que vous dites être nécessaire avec le produit de la vente. Je crois que je puis répondre que leur disparition ne sera pas découverte d'ici quelques jours ; mais si la perte est remarquée, je blâmerai un des esclaves. »

Julius fut troublé par les paroles de sa mère. Il fut épouvanté de ce qu'elle avait fait pour lui, et, sans prendre ou même toucher les joyaux, il quitta la maison. Pourquoi? Où allait-il? Il dépassa les murs de la cité, éprouvant un besoin absolu de solitude pour méditer sur sa situation actuelle et sur l'avenir. Laissant la cité derrière lui, il entra dans un bosquet ombragé, consacré à la déesse Diane. Ayant trouvé un endroit écarté, Julius s'abandonna à la réflexion. Sa première impulsion fut d'invoquer le secours de la déesse. Mais il ne croyait plus aux dieux de l'empire ; il savait que les prières qu'il pouvait leur adresser ne l'aideraient en rien, que l'assistance était impossible de ce côté-là. Mais s'ils ne pouvaient pas le consoler et l'aider, qui pourrait le faire? Il lui semblait étrange et incroyable d'être forcé de penser pour lui-même dans cette affaire. Le désordre et les ténèbres régnaient dans son cœur. Mais il n'y avait pas autre chose à faire. Il ne lui restait qu'à s'adresser à sa propre conscience, et sous la lumière forte qu'elle répandait il commençait à examiner les principaux actes de sa vie. Il découvrit que ces actes étaient mauvais, et, ce qu'il n'avait jamais soupçonné, bêtes. Qu'était-ce qui le poussait à perdre les meilleures années de sa vie si inutilement? Les pensées qui suivirent ces réflexions n'étaient pas de nature à le consoler; au contraire, elles le rendaient encore plus triste. Ce qui ajouta à ses souffrances plus que toute autre chose, était le sentiment d'isolement complet qui l'opprima. Auparavant, il pouvait toujours s'adresser à une mère dévouée et à son père ; il avait aussi beaucoup d'amis ; mais maintenant il était seul dans l'univers. N'étant plus aimé de personne, il était devenu un fardeau pour tous. Il s'était fait des ennemis partout ; il avait provoqué des dissensions entre ses parents ; il avait gaspillé les richesses que son père avait passé toute sa vie à amasser ; il était enfin devenu un rival dangereux et désagréable à ses amis. Était-il tellement étrange alors qu'ils désirassent sa mort, comme il le supposait ?

Une des premières figures qui frappèrent son esprit dans cet aperçu du passé fut celle de Pamphilius, qu'il se rappelait l'invitant à visiter la colonie chrétienne, à renoncer à tout et à s'associer avec eux. Et l'impulsion de faire cela devenait très forte. « Ma position est-elle donc si désespérée? » s'écria-t-il. Réfléchissant au long sur les événements de sa vie, il devenait de plus en plus attristé à la pensée que personne ne l'aimait plus. Père, mère, amis, ils ne pouvaient plus nourrir d'affection pour lui, ils ne pouvaient faire autrement que désirer sa mort. Et lui-même, aimait-il quelqu'un? Il ne se sentait lié à aucun de ses amis, ils étaient devenus tous ses rivaux, et maintenant qu'il était accablé par ses malheurs, ils n'avaient pas un mouvement de pitié pour lui. Et son père? Il s'examinait pour chercher la réponse à cette question et demeurait épouvanté par ce qu'il voyait. Non seulement il n'aimait pas son père, mais il le haïssait pour ne pas avoir répondu à ses demandes réitérées d'argent. Oui, la haine fut le mot juste, et plus que cela, il s'imaginait que la mort de son père était indispensable à son propre bonheur. « Oui, c'est ainsi, » se répétait le jeune homme. « S'il était en mon pouvoir de tuer mon père d'un seul coup, et d'échapper à sa tyrannie ainsi? Si je savais que personne ne le saurait, que ferais-je? Je le tuerais. » Il fut horrifié de ce qu'il venait de dire. « Et ma mère? » se demanda-t-il ; « j'ai de la pitié pour elle, mais je ne l'aime pas. Que deviendrait-elle? cela m'est égal ; tout ce que je demande, c'est son aide...

« Mais, quoi! comment! suis-je un fauve? un fauve aux abois? Oui, et la seule différence entre moi et ce fauve c'est que je puis, si je le veux, quitter cette vie trompeuse et méchante ; je puis faire ce que le fauve ne peut pas faire : je puis me tuer! Je hais mon père ; je n'aime plus ma mère ni mes amis, ni personne, ni... oui, peut-être, Pamphilius seul. »

Et il pensait encore à son ami, à leur dernière rencontre, et aux paroles du Christ citées par Pamphilius : « Venez à moi, vous tous qui êtes travaillés et chargés, et je vous soulagerai. »

Cela peut-il être vrai ? Il se mettait à se rappeler la conversation avec Pamphilius, il se souvenait avec joie de la figure douce, fière et joyeuse de son ami, et il était emporté d'un grand désir de le revoir, de l'entendre, et au-dessus de tout, de croire à tout ce qu'il lui avait dit.

« Que suis-je, après tout ?

« Un homme à la recherche du bonheur. Je l'ai cherché dans le luxe et les passions, mais je n'ai pas réussi à l'y trouver. Et ceux qui vivent comme moi, failliront également. Ils sont malicieux, ils souffrent tous. D'un autre côté, il y a un homme qui est toujours joyeux, parce qu'il ne cherche rien. Il me dit qu'il y en a beaucoup comme lui, et que tout homme peut le devenir; que moi, je peux le devenir, si je le veux, en observant les préceptes donnés par son Maître. Quoi, si tout cela était vrai? Vrai ou non, il y a là une attraction à laquelle je ne puis résister. J'y vais ! »

Tout en répétant ces mots, Julius quitta le bosquet, et, décidé à ne jamais remettre le pied chez ses parents, partit dans la direction du village habité par les chrétiens.

CHAPITRE III

Julius marchait vite, sa gaieté lui revenait à mesure qu'il s'approchait du village, et le tableau qu'il s'était fait de la vie chrétienne devenait plus clair et plus vivant.

Au coucher du soleil, il se disposait à se reposer pour un moment au bord du chemin, lorsqu'il se trouva en face d'un homme qui se reposait aussi en prenant son repas.

C'était une personne d'un certain âge, et,

à en juger par son extérieur, d'une éducation achevée. Il était assis, et mangeait tranquillement son pain et ses olives. En voyant Julius, il lui dit avec un sourire accueillant : « Bonsoir, jeune homme ; vous avez encore un bon bout de chemin devant vous. Asseyez-vous pour un instant. » Julius remercia l'inconnu en s'asseyant près de lui.

« Où allez-vous ? » demanda-t-il.

« Je vais chez les chrétiens ! » répondit Julius ; et, encouragé par les questions de l'homme, il lui raconta toute sa vie et la lutte intérieure qui l'avait amené à sa nouvelle détermination.

L'inconnu écoutait attentivement, n'interrompant la narration que rarement avec des questions destinées à éclaircir une allusion obscure, un événement ou une opinion que

Julius avait expliqués négligemment comme si son interlocuteur en connaissait déjà les détails. Il ne discutait pas et n'offrait pas d'avis non plus. Lorsque enfin Julius termina son histoire, il ramassa les vivres qui restaient, arrangea ses vêtements, et dit : « Jeune homme, ne mettez pas votre idée en pratique, vous vous êtes égaré hors de la voie directe. Je connais la vie, vous ne la connaissez pas. Écoutez, je vais résumer les principaux événements de votre passé et analyser les observations que vous avez faites sur ces événements ; et, après que je vous les aurai présentées dans la forme qu'ils ont prise dans mon esprit, vous pourrez agir de la façon qui vous semblera sage. Vous êtes jeune, riche, beau, fort; votre cœur est un tourbillon de passions. Vous désirez maintenant une retraite calme dans laquelle vous ne serez plus troublé par ces passions, et où vous serez soustrait aux souffrances qu'elles produisent. Vous pensez trouver cette retraite parmi les chrétiens. Il n'y a pas de retraite semblable, mon cher jeune ami, ni parmi les chrétiens ni ailleurs, parce que le mal qui vous agite et vous tourmente n'a pas son siège en Cilicie ou à Rome, mais dans votre propre corps. Dans la tranquillité du village caché, ces mêmes passions vous agiteront et vous déchireront cent fois plus terriblement qu'auparavant. La fraude, ou la faute des chrétiens (je ne veux pas les juger) repose sur ceci : qu'ils se refusent à reconnaître et à comprendre la nature humaine.

« Les seules personnes qui sont réellement capables de pratiquer les principes qu'enseignent les chrétiens sont les vieillards, dans lesquels les derniers restes de la passion humaine ont été éteints par les années. Un homme dans la fleur de son âge, surtout un jeune homme comme vous qui n'a pas même goûté les fruits de la vie, qui ne connaît pas sa propre volonté, ne peut pas se soumettre à la loi chrétienne, parce que cette loi est fondée non pas sur la nature humaine, mais sur les visions vaines du Christ, leur fondateur. Si vous jetez votre sort dans la colonie, vous continuerez de souffrir des mêmes causes qu'auparavant, et vos souffrances seront plus grandes. Voici : vos passions vous entraînent de la voie droite pour vous conduire dans des sentiers égarés ; mais, bien que vous vous soyez égaré, il est dans votre pouvoir de revenir sur vos pas et de rentrer dans le droit chemin. Vous jouirez, en outre, de la satisfaction des passions libérées, c'est-à-dire de la joie de la vie. Mais en vivant en chrétien, et en mettant une bride à vos passions par la force, pour ainsi dire, il vous sera encore possible de dévier de la voie droite, et cela plus souvent et plus irréparablement que dans le passé. Vous aurez à supporter en plus la torture inexprimable que causent les appétits inassouvis de la nature humaine. Laissez couler l'eau enfermée dans la digue, elle arrosera le champ et le pré, et rafraîchira les animaux qui y paissent; mais retenez la digue, et elle pénétrera le sol et deviendra un marais bourbeux. Il en est ainsi des passions humaines. L'enseignement des chrétiens (sauf certaines croyances avec lesquelles ils se consolent et desquelles je ne veux pas parler en ce moment), en ce qu'il influence leur vie journalière, peut être ainsi résumé : ils condamnent la violence; ils désapprouvent les guerres et les cours de justice; ils se refusent à reconnaître la propriété ; ils répudient la science et les arts ; en un mot, ils fuient tout ce qui pourrait faire que la vie soit attirante et agréable. On pourrait même accepter cela si tous les hommes étaient conformes au portrait qu'ils nous font du fondateur de leur religion. Mais on est loin de cela, c'est une impossibilité. Les hommes sont, par nature, mal disposés et influencés par leurs passions. C'est ce jeu continuel des passions et les chocs et les luttes qui en résultent qui tiennent les hommes enfermés dans ce réseau de conditions dans lequel ils vivent. Les sauvages ne connaissent pas de restriction, et un seul individu parmi eux pourrait détruire le monde entier pour satisfaire à ses désirs, si tout le monde acceptait le mal aussi mollement que les chrétiens. Si les dieux ont doué les hommes de sentiments de colère, de revanche, de malveillance contre ceux qui leur font du mal, vous pouvez être certain qu'ils l'ont fait parce que ces sentiments sont nécessaires à la préservation de la vie humaine.

« Les chrétiens nous disent que ces sentiments sont mauvais, que sans eux les hommes seront heureux, qu'il n'y aurait ni assassinats, ni exécutions, ni guerres. C'est vrai, mais on pourrait tout aussi bien dire que le bonheur des hommes serait largement augmenté, s'ils n'étaient astreints au besoin de manger et de boire.

« Il n'y aurait alors ni la faim ni la soif, ni aucun des désagréments que produisent ces souffrances. Mais cette supposition ne change pas dans le moindre degré la nature humaine. Il en est ainsi des autres passions humaines : l'indignation, la méchanceté, la vengeance, l'amour sexuel, l'amour du luxe, de l'ostentation, de la gloire ; les dieux étaient caractérisés par ces passions, elles ont donc, dans une forme modifiée, des traits naturels à l'homme. Détruisez la nécessité de nourrir l'homme, et par le même coup vous détruirez l'homme lui-même. De même, démolissez les passions humaines, et par le même coup vous démolirez l'humanité elle-même. Cette observation s'applique aussi à la question de la propriété que les chrétiens, dit-on, refusent de reconnaître. Regardez au loin de vous et vous verrez que chaque vigne, chaque jardin, chaque maison, chaque mulet a été produit uniquement parce que la propriété existe et est respectée par les autres. Abolissez le principe de la propriété privée, et il n'y aura pas une seule vigne plantée, ni une seule bête dressée à porter les fardeaux. Les chrétiens prétendent qu'ils ne possèdent pas la propriété, mais qu'ils jouissent seulement de ses fruits. Ils disent qu'ils ont tout en commun, qu'ils apportent tous leurs biens et les mettent ensemble pour la cause commune. Mais qu'est-ce qu'ils apportent qu'ils n'ont pas reçu des hommes qui possèdent la propriété ? Ils jettent tout simplement de la poussière aux yeux de ceux qui les entendent, ou, pour être généreux, ils se trompent eux-mêmes. Vous me dites qu'ils travaillent de leurs mains pour se nourrir, mais ce qu'ils produisent ne suffirait point à les faire vivre, s'ils ne profitaient pas des produits de ceux qui reconnaissent les droits de propriété. Si par hasard ils réussissent à se tirer d'affaire, il n'y a pas de place dans leur système social pour les arts et les sciences. Ils nient les avantages de nos arts et sciences. Ils ne peuvent pas faire autrement. La pratique de leur enseignement est faite pour ramener l'homme à son état primitif : la sauvagerie et la bestialité. Ils ne peuvent pas appeler les arts et sciences au service de l'humanité, et, comme ils les ignorent absolument, ils n'admettent pas leur influence civilisatrice. Ils ne peuvent non plus employer pour le service de l'humanité ces dons et talents qui font la supériorité de l'homme et l'unissent aux dieux. Ils n'entendront pas parler des temples, des statues, des théâtres, des musées. Ils disent qu'ils n'en ont pas besoin. La façon la plus simple d'éviter de rougir de sa propre bassesse, c'est de mépriser la nobilité. Leur Maître était un trompeur ignorant, et ils ne sont pas sans succès dans leurs efforts pour l'imiter. Encore, ils sont impies. Ils refusent de reconnaître les dieux et leur intervention dans les affaires humaines. Ils ne reconnaissent que le Père de leur Maître, ils l'appellent leur Père à eux, et leur Maître lui-même, qui, disent-ils, leur a révélé tous les secrets de la vie. Leur doctrine est une misérable fraude. Pesez ce que je viens de vous dire. Nous croyons que l'univers est maintenu par les dieux, que les dieux surveillent et protègent l'homme. Pour bien croire, on est forcé d'honorer les dieux, de chercher la vérité et de penser. Alors notre vie est réglée, d'un côté, par la volonté des dieux; de l'autre, par la sagesse collective de l'humanité. Nous vivons, nous pensons, nous cherchons. Par conséquent nous avançons vers la vérité. Les chrétiens, au contraire, n'ont ni dieux, ni volonté divine, ni sagesse humaine pour les guider, mais ils sont forcés de faire du mieux qu'ils peuvent avec leur foi aveugle dans leur Maître crucifié et dans ce qu'il leur a appris. Maintenant, décidez pour vous-même lequel est le guide auquel on doit se fier ; la volonté des dieux, et l'activité libre et sans limites de la sagesse de l'humanité entière, ou une foi obligatoire et irraisonnée dans les dires d'un seul homme. »

Julius était frappé de ce que disait l'étranger, et surtout de sa dernière phrase. Non seulement sa décision de devenir chrétien était ébranlée, mais il lui semblait incroyable que ses malheurs eussent pu le pousser jusqu'à penser à une telle folie. Il y avait, toutefois, une question encore à régler. Que ferait-il? Comment faire pour échapper à la situation embarrassée qui l'avait poussé au désespoir? Après avoir fait part à l'inconnu de cette difficulté, il lui demanda son avis.

« J'allais justement venir à ce problème, » répondit-il. « Que faut-il faire? Votre ligne de conduite me semble très claire, en la jugeant suivant les lois de la sagesse humaine, en ce qu'elles me sont connues. La source de tous vos malheurs se trouve dans vos passions. C'est la passion qui vous a éloigné de la voie droite et vous a amené à une situation qui vous a causé tant de douleurs. Les leçons de la vie prennent ordinairement cette forme. Vous devez les bien approfondir, et en profiter. Vous avez assez vécu, et vous savez maintenant ce qui est sucré et ce qui est amer. Vous ne risquez plus de tomber inconscient dans les mêmes erreurs que celles qui vous ont conduit à cette position malheureuse. Profitez de votre expérience. Ce qui vous afflige et chagrine le plus, c'est votre inimitié envers votre père. Elle a eu son origine dans votre propre attitude. Choisissez-en une autre et elle disparaîtra, ou, du moins, elle ne se manifestera pas dans la même forme aiguë.

« Toutes vos souffrances sont dues à votre position irrégulière. Vous vous êtes abandonné aux plaisirs de la jeunesse. Cela est naturel, et par conséquent vous avez eu raison. Et vous avez continué d'avoir raison aussi longtemps que cette vie a convenu à votre âge. Mais la saison passa et, malgré cela, vous avez continué avec les forces d'un homme de vous adonner aux caprices d'un jeune homme. En cela, vous avez eu tort. Vous êtes maintenant arrivé à un âge où votre volonté doit suppléer à la volonté de la nature, il faut que vous deveniez un homme, un citoyen, un serviteur de la société, et que vous travailliez et pour le bien général et pour votre propre bien. Votre père vous conseille de vous marier. C'est un sage conseil. Vous venez de compléter une étape de la vie — la jeunesse. Vous entrez maintenant dans une autre. Tous vos doutes et vos souffrances ne sont que les symptômes d'une période de transformation. Regardez résolument la vérité en face ; admettez que la saison de la jeunesse est passée, rejetez tout ce qui appartenait à cette saison mais qui n'appartient pas à la virilité, et dirigez-vous vers la nouvelle voie. Mariez-vous ; renoncez aux sociétés frivoles de la jeunesse ; occupez-vous du commerce, des affaires publiques, des arts et sciences. et non seulement vous serez réconcilié avec votre père et vos amis. mais vous trouverez le repos et le bonheur que vous cherchez. La racine de toutes vos difficultés se trouvait dans votre position anormale. Vous êtes maintenant arrivé à la virilité, c'est votre devoir de prendre une femme et de devenir un homme. De là, le conseil que je vous donne, qui est celui-ci : remplissez la volonté de votre père, — mariez-vous.

« Si vous pensez encore que l'isolement et la retraite que vous imaginez exister parmi les chrétiens puisse avoir un charme pour vous, si l'étude de la philosophie vous attire plus que l'activité de la vie publique, vous ne pouvez suivre vos désirs librement et avec profit que si vous avez étudié la vie et appris sa signification intérieure. Et cela vous ne pouvez le faire que comme citoyen indépendant et père de famille. Si, lorsque vous êtes arrivé à ce point, vous vous sentez encore fortement attiré vers la retraite et la contemplation, vous pouvez vous abandonner sans hésitation, car, alors, ce sera une véritable prédilection et non pas un simple accès de mécontentement comme à présent. Alors, suivez votre prédilection où elle vous amènera. »

Ces derniers mots, plus que tout ce qui les précédait, apportaient la conviction à l'esprit de Julius. Il remercia chaleureusement l'inconnu et rentra chez lui. La mère le reçut avec joie; le père, mis au courant de l'intention de Julius de se soumettre à sa volonté et de se marier avec la jeune fille que l'on avait choisie, se réconcilia avec son fils.

CHAPITRE IV

Trois mois plus tard, le mariage de Julius avec la belle Eulalie était célébré, et le jeune ménage s'installait dans une maison qui leur appartenait. Julius, ayant tout à fait changé ses habitudes, s'occupait d'une partie du commerce de son père, que ce dernier lui cédait, et commençait à s'établir comme un membre respectable de société.

Un jour, il allait pour affaires à une petite

ville des environs, et là, pendant qu'il attendait dans la boutique d'un marchand, il apercevait Pamphilius qui passait la porte, accompagné d'une jeune fille qu'il ne connaissait pas. Ils portaient tous les deux des quantités de raisins qu'ils offraient à vendre. Julius, reconnaissant son ami, s'approcha de lui, le salua, et le pria de rester quelques moments avec lui pour causer.

La jeune fille, voyant que Pamphilius désirait entrer dans la boutique avec Julius mais qu'il hésitait à la laisser seule, l'assura de suite qu'elle n'avait pas besoin de ses services et qu'elle s'assoirait seule en attendant un acheteur.

Pamphilius la remercia et accompagna Julius dans la boutique. Julius demanda à son ami le marchand la permission d'entrer dans l'arrière-boutique avec Pamphilius afin qu'ils pussent être plus à leur aise en causant.

Ils commencèrent alors à se questionner sur la marche des événements depuis leur dernière rencontre.

La vie de Pamphilius s'était passée sans incident et elle n'avait pas subi un change matériel. Il vivait toujours dans la société chrétienne, était toujours célibataire, et il assurait son ami que chaque année, chaque journée, chaque heure lui apportaient un plus grand bonheur.

Sur quoi Julius racontait à son tour sa vie en disant comment il avait failli devenir chrétien; qu'il était même parti pour le village chrétien, lorsqu'il rencontra un homme qui avait ouvert ses yeux aux erreurs des chrétiens et l'avait persuadé de son devoir de se marier. « Je suivis ses conseils, et je suis aujourd'hui un homme marié, » conclut-il.

« Et êtes-vous heureux, maintenant ? » demandait Pamphilius. « Avez-vous trouvé dans le mariage la jouissance que votre ami vous a promise ? »

« Heureux, » répétait Julius ; « qu'est-ce que veut dire heureux ? Si nous devons entendre par là la réalisation parfaite de nos désirs, alors je ne suis pas heureux. Je gère mes affaires avec un certain succès, et je commence à être respecté par mes voisins. Ces deux choses me donnent beaucoup de satisfaction. Il est vrai que je rencontre tous les jours plusieurs citoyens qui sont plus riches, et respectés dans un plus grand cercle de connaissances que moi ; mais je me flatte qu'il viendra un moment où je les rattraperai et peut-être les dépasserai dans ces deux ordres de choses. Ma vie est donc très satisfaisante à ce point de vue. En ce qui concerne mon mariage, pour être franc avec vous, je ne peux pas en dire tout à fait autant. J'irai encore plus loin, et vous dirai que cette union qui allait me donner la joie et le bonheur m'a déçu ; que le plaisir que j'en tirais au commencement a été en décroissance depuis, et que maintenant, au lieu d'être heureux, je suis en face de la douleur. Ma femme est belle, intelligente, instruite. D'abord, elle m'a rendu inexprimablement heureux ; mais, à présent, des causes nombreuses de désagrément s'élèvent entre nous, — vous ne pouvez pas le comprendre parce que vous n'êtes pas marié,-- un jour, parce qu'elle cherche mes caresses quand je suis froid et indifférent; un autre, parce que les rôles sont changés et que mon indifférence temporaire a pris possession d'elle. L'amour, en plus, exige le charme de la nouveauté pour se soutenir. Une femme moins jolie que ma femme peut exercer, au premier abord, une plus grande fascination qu'elle. J'ai ressenti ceci plus d'une fois. Oui, vraiment, je peux dire que je n'ai pas trouvé dans le mariage ce que j'espérais y trouver. Les philosophes, mon ami, ont raison : la vie ne donne jamais tout ce que l'âme désire. J'en ai vérifié la vérité dans le mariage. Mais le fait que la vie ne nous donne pas le bonheur que l'âme désire ne prouve en aucune façon que votre système trompeur l'offrira, » conclut-il en riant.

« Pourquoi trompeur? » demanda Pamphilius. « En quoi relevez-vous des symptômes de fraude ? »

« Voici en quoi consiste votre déception :

c'est que pour délivrer l'humanité des malheurs qui sont inséparables de la vie, vous répudiez toutes les affaires de la vie, jusqu'à la vie elle-même. Afin d'épargner aux hommes la douleur de la désillusion, vous les faites renoncer à toutes les illusions, vous répudiez même le mariage. »

« Nous ne faisons rien de semblable, » protesta Pamphilius.

« Si ce n'est pas le mariage que vous répudiez, c'est l'amour, alors. »

« L'amour ! » s'écria Pamphilius, « comment ! Nous renonçons à tout, sauf à l'amour. L'amour est, suivant nous, la pierre angulaire de l'édifice chrétien. »

« Je ne vous comprends donc pas, » dit Julius. « Jugeant par ce que j'ai entendu dire aux autres, et je peux ajouter jugeant par votre propre exemple, car, quoique nous soyons du même âge, vous êtes encore célibataire, je tire la conclusion que vos chrétiens n'approuvent pas l'union conjugale. Vous ne brisez pas les liens de mariage que vous avez déjà faits, mais vous n'en faites pas de nouveaux. Vous ne pensez pas à la propagation de la race humaine, et si le monde n'était peuplé que par des chrétiens, l'humanité arriverait bientôt à ne plus exister, » s'écria Julius, se faisant l'écho d'une phrase qu'il avait souvent entendu répéter.

« Ce n'est pas tout à fait une façon juste de poser la question, » répondit Pamphilius. « Il est vrai que nous ne le faisons pas notre principal but de perpétuer la race humaine; nous ne faisons pas grand cas de cela. comme quelques-uns de vos grands hommes ont souvent eu raison de le dire. Nous sommes à l'aise sur ce sujet par la conviction ferme que notre Père, qui veille sur l'humanité, s'intéresse à tous ses besoins. Notre but est de vivre en accord avec sa volonté ; s'il veut que la race humaine existe, il trouvera les moyens de la perpétuer ; si non, elle s'éteindra certainement. Cela, toutefois, ne nous regarde pas ; notre tâche est plus modeste, celle de vivre suivant sa volonté. Celle-ci nous est démontrée dans notre nature et dans les révélations qu'il a bien voulu nous faire, qui disent qu'un homme doit rester avec une femme, et que tous les deux ne doivent former qu'un seul être. Le mariage n'est non seulement pas défendu par nos lois, mais il est directement encouragé par nos doyens, qui sont instruits dans le droit. La grande différence entre vos mariages païens et les nôtres se trouve dans notre appréciation de l'enseignement de Dieu que tout regard de convoitise dirigé sur une femme est un péché ; et les résultats pratiques de la croyance dans cet enseignement peuvent être ainsi résumés : nous et nos femmes, au lieu de ne rien négliger dans nos habillements et nos embellissements pour éveiller des désirs sensuels aux cœurs de ceux qui nous voient, nous concentrons tous nos efforts à éteindre tout mouvement impur, afin que le sentiment d'amour parmi nous soit comme entre des frères et des sœurs, assez fort pour tuer le désir sensuel pour une femme, désir auquel vous donnez le nom d'amour. »

« Tout cela est très bien, » observait Julius, « mais, vraiment, vous ne pouvez pas éteindre le désir d'amour et de plaisir qui nous soulève lorsque nous regardons la beauté. Pour ne pas aller trop loin en cherchant mes comparaisons, je suis persuadé que cette jeune fille qui vous accompagnait, malgré qu'elle ne soit pas bien mise, — ce qui est fait pour beaucoup diminuer ou cacher ses charmes, — éveille en vous le sentiment d'amour pour la femme. »

« Je ne crois pas, » dit Pamphilius en rougissant, « je n'ai jamais pensé à sa beauté. Vous êtes le premier à me faire penser à une telle chose. Elle n'est qu'une sœur pour moi. Mais revenons à ce que j'étais en train de vous dire au sujet de la différence entre les mariages païens et chrétiens : cette différence provient de ce que l'amour sensuel, sous le nom de beauté, jouissance, service de la déesse Vénus, est provoqué et maintenu avec arrière-pensée chez vous, tandis qu'avec nous, au contraire, il est évité, non pas parce que nous croyons que c'est un mal (Dieu n'a créé aucun mal) —

du reste, nous le regardons comme un bien positif, — mais parce qu'il peut devenir un mal, c'est toujours une tentation, et il devient un mal lorsqu'il n'est pas rigoureusement maintenu à sa propre place. Alors nous réunissons tous nos efforts pour l'éviter. Et c'est pour cela que je ne me suis pas encore marié, quoique je ne sache rien qui puisse m'empêcher de choisir une femme demain. »

« Qu'est-ce qui peut déterminer votre choix ? »

« La volonté de Dieu. »

« Comment découvrirez-vous cette volonté ? »

« Si vous ne cherchez pas ses manifestations, vous ne les trouverez jamais. Si vous êtes continuellement en éveil, elles deviennent visibles et claires, comme la divination vous semble être démontrée par les sacrifices de victimes et le vol des oiseaux. Vous avez vos mages parmi vous qui vous révèlent la volonté de vos dieux à l'aide de leur savoir et des signes qu'ils découvrent dans les entrailles de la victime ou dans le vol des oiseaux. Semblablement nous avons aussi nos hommes sages, les doyens, qui nous révèlent la volonté de notre Père par les révélations du Christ. par ce que leur dictent leurs cœurs et les pensées des autres, et surtout par l'amour qu'ils ressentent pour autrui. »

« Tout cela est beaucoup trop vague, » objecta Julius. « Qui va me dire, par exemple, quand je dois me marier et avec qui? Lorsque le moment vint de me marier, j'avais le choix entre trois jeunes filles ; ces trois épouses possibles étaient choisies entre toutes les autres, en raison de leur beauté exceptionnelle et de leur grande richesse, et mon père consentit à l'avance à mon union avec l'une ou l'autre d'elles. Ce fut parmi ces trois jeunes filles que je choisis Eulalie, parce qu'elle était la plus jolie, et, suivant mes goûts, la plus fascinante. Tout cela était très naturel, mais qui va guider votre choix? »

« Avant de répondre directement à cette question, » dit Pamphilius, « permettez-moi de vous dire d'abord que dans notre religion tous les hommes sont égaux aux yeux de notre Père, alors ils sont égaux aussi à nos yeux, et dans leur position sociale et dans leurs qualités physiques et morales. Il s'ensuit donc que notre choix (j'emploie ici un mot qui n'a aucune signification pour nous) n'est pas et ne peut pas être circonscrit. N'importe quel être humain vivant dans ce monde peut devenir le mari ou l'épouse d'un chrétien. »

« Cela rend encore plus difficile de fixer son choix. »

« Laissez-moi vous dire ce que disait l'un de nos doyens l'autre jour, au sujet de la différence entre les mariages chrétiens et les mariages païens, » répondit Pamphilius. « Le païen choisit la jeune fille qu'il croit capable de lui donner la jouissance la plus grande et la plus variée. L'effet de cette manière de choisir est que l'homme regarde l'une et l'autre, ne sachant laquelle prendre, car ce qui fait qu'il lui est difficile de se décider, c'est que la jouissance est une quantité inconnue, voilée dans un avenir obscur. Un chrétien, d'autre part, n'est pas embarrassé par la pensée d'un choix personnel, les considérations d'une nature absolument personnelle sont d'intérêt secondaire au lieu d'être d'intérêt premier. Sa vraie pensée est de ne pas s'opposer à la volonté de Dieu dans son choix. »

« Mais comment est-il possible de s'opposer à la volonté de Dieu par un mariage ? »

« Si j'oubliais l'*Iliade,* » répondit Pamphilius, « cette *Iliade* que nous lisions ensemble autrefois, on ne pourrait pas s'étonner, et on n'aurait pas le droit de me blâmer. Mais vous, qui vivez au milieu de philosophes et de poètes, vous n'auriez pas la même excuse à avancer.

« Maintenant, qu'est-ce que c'est que l'*Iliade,* sinon le récit de difficultés survenues par suite de la transgression de la volonté de Dieu dans le mariage ? Ménélas et Pâris, Hélène et Achille, Agamemnon et Chryséis, sont les personnages d'une description des désastres terribles qui ont poursuivi et qui poursuivent aujourd'hui ceux qui opposent leur volonté à celle de Dieu dans cette question du mariage. »

« En quoi consiste cette opposition ? »

« Dans le fait que ce qu'un homme aime dans une femme n'est pas un être semblable à lui-même, mais la jouissance personnelle que son union avec elle lui apportera, et que c'est pour obtenir ce plaisir qu'il l'épouse. Un mariage chrétien n'est pas possible si un homme n'est pas inspiré par l'amour de ses semblables, et la personne qu'il épouse doit être avant tout l'objet de cette affection fraternelle de l'homme pour son semblable. Comme il est hors de question de bâtir une maison sans que les fondations aient été faites, ou de peindre un tableau sans que la toile ou autre matériel ait été préparé, ainsi l'amour sexuel ne peut pas être légitime, raisonnable, ou durable, s'il ne repose pas sur une fondation d'amour et de déférence de l'homme pour l'homme. Sur cette base seulement, il est possible d'établir une vie de famille vraiment chrétienne. »

« Je suis forcé de dire que je ne vois pas encore pourquoi le mariage que vous appelez un mariage chrétien doit exclure cette sorte d'amour pour la femme que ressentait Pâris. »

« Je ne dis pas que le mariage chrétien n'admet pas l'amour exclusif pour une seule femme ; au contraire, l'union n'est sainte et à désirer que quand cet amour est l'un de ses éléments. Mais ce que je voudrais faire ressortir avec une clarté égale à l'importance de l'argument, c'est que l'amour réel et exclusif pour une femme n'est possible que lorsque l'amour général pour l'humanité est maintenu et reste intact. Cette sorte d'amour exclusif pour une femme que chantent les poètes est excellente en elle-même, mais, comme elle n'est pas basée sur l'amour de l'homme pour ses semblables, elle ne mérite pas le nom d'amour. C'est le désir animal, qui se transforme souvent en haine. La meilleure preuve de la vérité de ma thèse c'est que ce que nous appelons ordinairement l'amour — Éros — devient de la bestialité lorsqu'il ne repose plus sur les grandes bases de l'affection fraternelle. Cela arrive lorsque la violence est employée contre la femme que le ravisseur prétend aimer. Il lui causera des douleurs qui dureront aussi longtemps que dure la vie. Peut-on dire qu'un homme ressent de l'affection pour la personne qu'il torture ainsi ? Dans les mariages païens, on trouve souvent la violence masquée ; ainsi, lorsqu'un homme se marie avec une jeune fille qui ne l'aime pas ou qui en aime un autre, il lui fait subir douleur et souffrance, afin de satisfaire l'appétit brutal qu'on appelle l'amour. »

« J'admets tout cela, » interrompit Julius ; « mais dois-je croire que si la jeune fille l'aime il s'ensuit qu'il n'y a pas d'injustice ? Si oui, je ne vois point comment cela diffère d'un mariage païen. »

« Je ne connais pas les détails de votre mariage, » répondit Pamphilius, « mais il m'est parfaitement évident que tout mariage, n'importe où ou n'importe comment il est fait, si la jouissance personnelle n'en est le fond, ne peut qu'être une source féconde de désagréments, de même que l'acte de manger ne peut pas être effectué par les bêtes ou les êtres humains très peu éloignés de l'état sauvage, sans engendrer des querelles et des batailles. Chacun cherche à accaparer les morceaux choisis, et, comme il n'y en a pas assez pour satisfaire tout le monde, on finit par se les disputer. Si la querelle n'aboutit pas à des hostilités actives, elle n'est pas moins réelle parce qu'elle est latente. Les faibles désireront toujours le morceau sucré, quoiqu'ils sachent que leur plus puissant voisin ne le leur cèdera jamais, et qu'il leur est impossible de s'en rendre possesseurs par la force. Ils le regardent avec une haine envieuse, et ils sont toujours prêts à profiter d'une occasion fortuite qui se présente pour l'arracher à leur voisin plus fort qu'eux. Il en est ainsi de vos mariages païens. Seulement le résultat est pire, car l'objet désiré est un être humain, et, par cela, la discorde s'élève entre les époux eux-mêmes. »

« Et comment feriez-vous pour forcer des époux à s'aimer et à ne pas aimer une autre personne ? Un jeune homme ou une jeune fille auront certainement aimé une autre personne que celle qu'ils épouseront, et, dans ce cas, le mariage est impossible d'après vos idées. De cela, je vois que ceux qui disent que vous chrétiens ne vous mariez pas ont raison. C'est aussi la raison pour laquelle vous êtes célibataire, et le resterez probablement toujours. Comment peut-on croire qu'un homme qui se marie avec une jeune fille n'ait jamais enflammé le cœur d'une autre femme auparavant, ou qu'une femme arrivée à maturité n'ait jamais provoqué un sentiment d'amour dans le cœur d'un autre homme? D'après vous, qu'est-ce que Hélène aurait dû faire? »

« Notre doyen, Cyril, en parlant autrefois sur ce sujet, disait que les personnes du monde païen, sans donner même une pensée passagère à leur devoir d'aimer, sans avoir rien fait pour favoriser un sentiment semblable, ne pensent qu'à une chose : comment exciter dans leurs cœurs un amour passionné pour une femme, et elles ne négligent rien pour provoquer cette passion. C'est pour cette raison que chaque Hélène, ou chaque femme semblable excite l'amour de plusieurs hommes. Les rivaux se battent et prodiguent leurs efforts pour se dépasser l'un l'autre, tout à fait comme des bêtes désireuses de posséder la femelle. Et, à un degré plus ou moins accentué, le mariage est une lutte, une forme de violence. Dans notre colonie, nous ne pensons jamais à la jouissance individuelle de la beauté, et nous évitons avec soin toutes ces séductions et artifices qui pouvaient nous tenter, et qui sont élevés aujourd'hui dans le monde païen à la dignité d'une apothéose. Nous concentrons notre attention sur l'obligation dans laquelle nous nous trouvons de révérer et d'aimer notre prochain, comprenant dans cette appellation tous les hommes, soient-ils d'une beauté sans égale, ou d'une laideur repoussante. Nous faisons notre possible pour inculquer ce sentiment, et c'est pourquoi chez nous l'amour pour l'humanité l'emporte sur les séductions de la beauté, les conquiert, et, en les supprimant, enlève tous les prétextes aux querelles et aux inimitiés qui ont leur source dans les relations des sexes.

« Un chrétien ne se marie que lorsque son union avec la femme à laquelle il est lié par un lien d'affection mutuelle n'est pas désagréable à une autre personne, ce qui va jusqu'à dire qu'un chrétien ne se permettra pas de ressentir un attachement d'amour pour une femme, s'il ne sait pas que son mariage avec elle ne causera pas de la douleur à un autre. »

« Mais une telle chose est-elle possible ? » objecta Julius. « Un homme est-il maître de ses penchants et de ses aversions ? »

« Il ne l'est pas s'il les laisse agir librement ; mais il peut éviter de les éveiller ou arrêter leur développement. Prenez, par exemple, les relations des pères envers leurs filles, des mères envers leurs fils, des frères envers leurs sœurs. Une mère, une fille ou une sœur, si belles qu'elles puissent être, ne sont jamais regardées comme un objet de jouissance personnelle par un fils, un père ou un frère, et ici le sentiment de bestialité n'entre pas en jeu. Il y entrerait si l'homme découvrait que la fille, la mère ou la sœur ne sont pas des parentes, mais alors même le sentiment serait très faible, facile à raisonner, et il coûterait peu à un homme d'y mettre un frein ou de le supprimer entièrement. La raison pour laquelle le sentiment animal serait faible dans un cas semblable est celle-ci : il trouverait au fond de ces relations un sentiment d'amour filial, paternel ou fraternel. Pourquoi voulez-vous douter toujours qu'il ne soit pas possible et même facile d'évoquer et de nourrir envers toutes les femmes un sentiment semblable à celui que l'on ressent pour sa mère, sa fille ou sa sœur? Pourquoi voulez-vous douter qu'il ne soit pas possible que l'amour conjugal repose sur cette base? Un jeune homme ne se permettra pas d'entretenir un amour sexuel pour une jeune fille qu'il a regardée comme sa sœur, jusqu'à ce qu'il soit convaincu qu'elle n'est pas sa sœur; de même, un chrétien se gardera d'entretenir un sentiment semblable pour une femme, jusqu'à ce qu'il soit persuadé que son amour pour elle n'est pas désagréable à une autre personne, et que son mariage avec elle n'occasionnera pas de peine à un frère. »

« Si deux hommes se sont épris de la même femme? » demanda Julius.

« L'un des deux sacrifiera son sentiment pour le bonheur de l'autre. »

« Si, par hasard, la femme aime réellement un de ses admirateurs? »

« Alors, » répondit Pamphilius, « celui qu'elle

aime le moins, sacrifiera son amour pour le bonheur de sa bien-aimée. »

« Mais, » insista l'autre, « si elle les aime tous les deux, et s'ils insistent tous les deux pour sacrifier leur amour, elle finira par n'épouser ni l'un ni l'autre probablement ? »

« Un tel cas serait soumis au jugement des doyens de la colonie. Ces doyens donneraient leur meilleur avis sur l'affaire et trancheraient le différend d'une façon qui donnerait le plus grand bonheur pour chacun des trois, ajouté à la plus grande mesure d'amour. »

« On ne peut pas employer ordinairement ce procédé : il est contraire à la nature humaine. » objecta Julius.

« La nature humaine ! Laquelle ? L'homme, tout en étant un animal, est sans doute un homme en même temps, et si les relations avec la femme approuvées par notre religion chrétienne ne s'harmonisent pas avec la nature animale de l'homme, elles s'accordent parfaitement avec sa nature rationnelle. Lorsqu'il fait de sa raison la domestique de sa nature animale il tombe plus bas que les brutes elles-mêmes ; il se livre à la violence et à l'inceste, extrémités auxquelles nul animal ne tombe. Mais lorsqu'il se sert de sa nature rationnelle pour mettre un frein à ses instincts animaux, lorsque ces derniers sont enrôlés au service de cette nature rationnelle, alors, et alors seulement, l'homme atteint le bonheur qui seul est capable de satisfaire ses désirs. »

CHAPITRE V

« Mais maintenant dites-moi ce que vous avez à raconter de vous-même. Je vous vois accompagné d'une belle jeune fille, avec qui, si je puis juger par les apparences, vous vivez dans votre ville. Dites-moi, est-il possible que vous ne désiriez pas devenir son mari? »

« Je n'y ai jamais pensé sérieusement, » répondit Pamphilius. « Elle est la fille d'une veuve chrétienne pour laquelle je fais ce que je puis faire, comme les autres, du reste. J'aime la mère comme la fille, et je les aime toutes les deux également. Vous me demandez si l'amour que j'ai pour elle est de nature à justifier mon mariage avec elle? La question est difficile, mais je vous répondrai consciencieusement. L'idée m'est venue à l'esprit, je l'admets, mais il y a un jeune homme de ma connaissance qui l'aime aussi, et c'est pour cela que je n'ai jamais réfléchi sérieusement à ce sujet. Lui aussi est un chrétien, il nous aime beaucoup tous les deux, et je ne pourrais pas penser un seul instant à faire une chose qui pût lui faire de la peine. Pour cela je vis sans donner de place à ces idées. Tous mes désirs n'ont qu'un but : Remplir la loi d'amour, — c'est-à-dire aimer notre prochain. C'est l'essentiel. Quant au mariage, je ne me marierai que lorsque je serai convaincu qu'il est de mon devoir de le faire. »

« Ce sont là vos idées, à vous ; mais la mère pourrait penser autrement. Il ne peut lui être indifférent d'avoir un gendre qui soit bon et travailleur, ou un gendre qui soit le contraire. Elle désirera naturellement vous avoir pour si proche parent. »

« Pas le moins du monde. Cela lui est absolument égal ; car elle sait que tous nos frères sont aussi désireux que moi de l'aider et de lui être utiles, comme nous le sommes pour tous nos frères et nos sœurs, et que je continuerai de faire tout ce que je peux pour elle, que je sois son gendre ou non. En un mot, s'il arrive que je me marie avec sa fille, je regarderai cette consommation avec la même joie que j'envisagerai son mariage avec un autre. »

« Non, non, ce que vous dites est impossible. Et en cela se trouve la chose la plus terrible que j'aie constatée chez vous, chrétiens. Vous vous trompez complètement. Et de cette façon vous trompez les autres aussi. Cet homme dont je viens de vous parler avait raison en tout ce qu'il disait de vous. Pendant que j'entends votre description alléchante, je succombe sans le savoir au charme de la vie que vous dépeignez, mais quand je réfléchis, je vois qu'elle n'est qu'une tromperie, — une tromperie qui amène à la sauvagerie, à la brutalité, enfin à une vie semblable à celle des brutes. »

« En quoi voyez-vous cette sauvage vie ? »

« Dans ce fait que tandis que vous travaillez pour gagner de quoi vivre, vous n'avez pas l'occasion ni le loisir de vous donner aux arts et sciences. Vous voilà ici, par exemple, habillé en haillons, avec les mains et les pieds endurillonnés, pendant que votre compagne, qui pourrait très bien être une déesse de beauté, ressemble autant à une esclave qu'une femme libre puisse y ressembler. Vous n'avez pas d'hymnes à Apollon, ni de temples, ni de poésie, ni de jeux, — en un mot, rien de tous ces dons qu'ont faits les dieux à l'homme, qui émaillent sa vie et la font belle.

« Travailler, travailler, travailler comme des esclaves ou des bêtes à fardeaux, seulement pour arriver à vous soutenir par la nourriture la plus rude, n'est-ce pas la renonciation spontanée et impie de la volonté et de la nature humaines? »

« La voilà encore, » s'écria Pamphilius, « cette inévitable nature humaine! En quoi consiste cette nature, je vous prie? Est-ce que c'est dans la torture des esclaves, en les faisant travailler au-dessus de leurs forces, en tuant ses frères ou en les dégradant par l'esclavage; ou consiste-t-elle à transformer la femme de ce qu'elle était, et de ce qu'elle est, en un objet d'amusement et de jouissance?... Et cela seulement semble convenir à la nature humaine !

« Est-ce que c'est cela la nature humaine? ou ne consiste-t-elle pas plutôt à vivre en amitié avec tous les hommes et à se sentir un des membres d'une fraternité universelle?

« Vous vous trompez gravement aussi si vous vous imaginez que nous nous refusons à reconnaître les sciences et les arts. Nous apprécions hautement tous les dons et les qualités dont l'humanité est douée.

« Nous regardons les capacités innées de l'homme comme un moyen qui lui a été donné pour l'aider à arriver à un unique but, à l'obtention duquel notre vie est consacrée, c'est-à-dire l'accomplissement de la volonté de Dieu. Dans les sciences et les arts, nous voyons, non pas un passe-temps vulgaire, bon à procurer un plaisir passager aux personnes paresseuses, mais une vocation sérieuse, à laquelle nous avons le droit de demander la même attention que pour tous les actes de la vie, c'est-à-dire qu'en s'y appliquant, il doit se manifester un amour de Dieu et des hommes pareil à celui qui préside à toutes les actions d'un chrétien. Nous ne reconnaissons pas comme science vraie quoi que ce soit qui ne nous aide pas à vivre mieux ; nous n'apprécions non plus que l'art qui purifie nos pensées et nos projets, qui relève l'âme et qui augmente les forces nécessaires à une vie de travail et d'amour. Nous ne perdons aucune occasion de développer autant que possible ce savoir en nous-mêmes comme en nos enfants ; et nous sentons et goûtons le charme de ces arts dans nos moments de loisir.

« Nous lisons et nous étudions les écrits sortis de la sagesse de ceux qui ont vécu avant nous. Nous chantons et nous peignons, et nos chansons et nos tableaux nous égayent, ou nous consolent dans les moments tristes. C'est pour cela que nous ne pouvons pas approuver la manière avec laquelle, vous, païens, vous appliquez les arts et les sciences. Vos savants emploient leur capacité et leur savoir à découvrir de nouveaux moyens de nuire aux autres; ils se sont toujours occupés de faire les engins de guerre plus effectifs, plus meurtriers, c'est-à-dire qu'ils se sont occupés à faire l'assassinat plus facile ; ils se sont toujours employés à inventer une nouvelle manière de gagner de l'argent, c'est-à-dire de s'enrichir aux dépens des autres. Votre art est utilisé dans la construction et la décoration des temples en l'honneur des dieux, auxquels les plus instruits parmi vous ont cessé de croire depuis longtemps. Vous essayez néanmoins de laisser subsister la foi dans ces dieux chez les autres, espérant qu'au moyen de cette illusion il vous sera plus facile de vous imposer à eux. Vous élevez des statues aux plus cruels des tyrans, que personne ne respecte mais que tous craignent. Dans vos pièces de théâtre, l'amour criminel est loué et applaudi. La musique, parmi vous, n'est plus qu'un moyen de chatouiller les sens des riches gourmands, après qu'ils se sont gorgés de mets délicats dans leurs riches banquets. Le plus fréquent usage qui est fait de la peinture c'est de représenter, dans des maisons mal famées, des scènes qu'un homme ne peut pas regarder sans rougir, si ses sens n'ont pas été paralysés par le vin ou tués par la passion bestiale.

« Non, ce n'est pas pour cela que l'homme a été doué de ces hauts avantages qui le distinguent de l'animal. Ils ne lui ont pas été donnés pour être transformés en jouets pour plaire à nos sensations corporelles. En consacrant notre vie entière à l'observation de la volonté de Dieu, nous devons employer, dans toute leur étendue, tous les nobles dons et facultés que nous avons reçus. »

« Oui, » répondit Julius, « tout cela serait sublime si la vie était possible dans de telles conditions. Mais on ne peut pas vivre ainsi :

vous ne faites que vous illusionner. Vous vous refusez à reconnaître notre protection, mais, sans les légions romaines, pourriez-vous vivre en paix? Vous jouissez de la protection que vous refusez de reconnaître. Même, certains membres de votre colonie se défendent eux-mêmes, vous me l'avez dit. Vous ne reconnaissez pas la propriété, et vous en jouissez. Vos frères sont propriétaires et ils vous donnent de leur propriété; vous-même vous ne voulez pas donner pour rien les raisins que vous portez, vous les vendez et à votre tour vous ferez des achats. Tout cela est une illusion : si vous viviez selon vos idées, je pourrais comprendre votre position; mais, de la façon dont vous le faites, vous vous trompez et vous trompez les autres. »

Julius s'animait pendant la discussion et

donnait de l'expression à toute pensée qui lui venait à l'esprit. Pamphilius se taisait en attendant la fin. Lorsque Julius cessa de parler, il reprit :

« Vous vous trompez, quand vous dites que nous jouissons de la protection que vous nous accordez sans la reconnaître. Nous n'avons pas besoin des légions romaines parce que nous n'attachons aucune importance à ces choses qui demandent à être protégées par la violence ; notre bonheur se réduit à ce qui ne demande pas de protection, et que nul ne peut nous enlever. Si les objets matériels, que vous regardez comme la propriété personnelle, passent par nos mains, on doit se rappeler que nous ne les regardons pas comme nous appartenant et que nous n'agissons pas comme s'ils étaient à nous ; nous les remettons à ceux pour le soutien desquels ils sont nécessaires. Il est vrai que nous vendons des raisins, mais pas pour le profit luimême et seulement pour obtenir ce qui est nécessaire à la vie de ceux qui ont besoin. Si quelqu'un voulait nous prendre ces raisins, nous les abandonnerions sans la moindre résistance. Pour cette raison, nous n'avons rien à craindre des barbares. S'ils désiraient nous priver des produits de notre travail, nous les leur abandonnerions de suite. S'ils insistaient, nous travaillerions pour eux, et cela aussi nous le ferions avec joie; et non seulement les barbares n'auraient aucune cause pour nous tuer, mais il serait contraire à ce qu'ils appellent leur intérêt de le faire. Ils arriveraient bientôt à nous comprendre, à nous aimer même, et nous aurions beaucoup moins à souffrir d'eux que nous ne sommes forcés de supporter des peuples civilisés parmi lesquels nous vivons, et par lesquels nous sommes persécutés.

« Il a été souvent prétendu par vous et par vos amis, que c'est seulement grâce au respect qu'on porte à la propriété que l'on peut obtenir la nourriture et l'habillement nécessaires à la vie. Mais pensez bien à cela et décidez pour vous-mêmes.

« Par quoi ces nécessités sont-elles produites? Par le travail de qui ces richesses dont vous êtes si fiers sont-elles gagnées? Est-ce par ceux qui se reposent les bras croisés, commandant à leurs esclaves et à leurs domestiques de faire ceci et cela, d'aller ici et là, et qui seuls possèdent la propriété? N'est-ce pas plutôt par ces pauvres travailleurs qui, pour gagner une croûte de pain, exécutent les ordres de leurs maîtres, pendant qu'eux-mêmes ils sont privés de toute propriété ou reçoivent à peine pour leur part assez pour les nourrir un seul jour? Sur quoi vous basez-vous, lorsque vous imaginez que ces travailleurs, si prêts à travailler maintenant qu'ils n'ont qu'à obéir à des ordres que souvent ils ne comprennent pas, abandonneront tout effort du moment qu'il leur sera possible d'entreprendre un travail modéré et intelligent, dont le résultat et le bénéfice reviendraient à ceux qu'ils aiment?

« Les accusations que vous faites contre nous sont, au fond, celles-ci : que nous n'atteignons pas complètement le but que nous avons en vue; que nous trompons les autres quand nous disons que nous ne reconnaissons pas la violence, ni la propriété, tandis que nous profitons des résultats de toutes les deux. Maintenant, si nous sommes des trompeurs, ce n'est pas la peine de perdre du temps à parler de nous ; nous ne méritons ni votre colère ni vos accusations, mais seulement votre dédain. Et ce dédain, nous l'accepterons avec joie, car c'est une de nos règles de ne jamais nier notre nullité. Mais si nous essayons sérieusement et sincèrement d'atteindre le but de tous nos efforts, alors vos accusations deviendront injustes. Si nous essayons, comme nous le faisons, mes frères et moi, de vivre suivant la loi de notre Maître, sans user de violence pour posséder une propriété qui ne serait pas le fruit de cette loi, notre désir ne peut être en aucune façon de rechercher des avantages matériels : les richesses, le pouvoir, les honneurs, parce que nous ne gagnons pas ces biens en suivant la loi de notre Maître, mais quelque chose tout autre. Nous sommes aussi avides que vous.

païens, dans notre recherche du bonheur ; la seule différence entre nous est que nous avons des vues opposées aux vôtres sur ce qui constitue le bonheur. Vous le trouvez dans les richesses, les honneurs ; nous, dans des choses toutes différentes. Notre foi nous dit que le bonheur ne se trouve pas dans la violence, mais dans la soumission ; non pas dans la richesse, mais en donnant tout aux autres. De même que les fleurs s'élèvent toujours vers la lumière, de même nous avancerons toujours vers ce que nous croyons être notre bonheur. Nous ne faisons pas tout ce que nous voudrions pour atteindre le bonheur, c'est-à-dire que nous n'avons pas tout à fait réussi à rejeter toutes nos habitudes de violence et d'amour pour la propriété. C'est vrai, mais il ne saurait en être autrement. Prenez-vous vous-même pour exemple : vous faites votre possible pour obtenir la plus jolie femme, la plus grande fortune, mais est-ce que vous réussissez en cela? Si un tireur n'atteint pas la cible, cessera-t-il de la viser parce qu'il l'aura manquée plusieurs fois de suite? Nous sommes exactement dans la même position. Notre bonheur repose, suivant l'enseignement de Christ, dans l'amour. L'amour exclut la violence, et la propriété qui résulte de la violence. Toutefois, nous sommes tous forts dans la poursuite de notre bonheur ; mais nous ne réussissons pas entièrement ; de plus, nous ne l'entreprenons pas tous de la même façon, et nous ne l'atteignons pas tous au même degré. »

« Oui, » objecta Julius, « mais pourquoi vous refusez-vous à écouter la voix de la sagesse humaine, pourquoi vous en détournez-vous pour écouter seulement celle de votre Maître crucifié? Votre captivité, votre soumission absolue à lui est justement ce qui nous semble le plus repoussant. »

« Vous voilà encore trompé, comme le sont tous ceux qui s'imaginent que tout en observant les enseignements auxquels nous croyons, nous le faisons seulement parce que l'homme en qui nous avons confiance nous a commandé de le faire. Au contraire, ceux qui cherchent de toute leur âme à savoir la vérité, à communier avec Dieu, à ressentir le vrai bonheur, se trouvent involontairement et sans effort dans la voie que le Christ suivait; et, se mettant instinctivement derrière Lui, ils sont bientôt persuadés que c'est Lui qui les mène. Tous ceux qui aiment Dieu se dirigeront et finalement se rencontreront sur ce chemin, vous parmi eux.

Le Christ est le fils de Dieu, le médiateur entre Dieu et l'homme. Ce n'est pas parce qu'on nous a dit cela que nous le croyons aveuglement, mais nous le croyons sincèrement parce que tous ceux qui cherchent Dieu trouvent son fils devant eux, et c'est seulement à l'aide du fils qu'ils voient, connaissent et comprennent Dieu. »

Julius ne répondit pas. Il resta assez longtemps sans parler.

« Êtes-vous heureux ? » demanda enfin Julius.

« Je ne demande pas à être mieux que je suis ni à avoir plus que ce que j'ai ; mais ce n'est pas tout, je ressens toujours un sentiment de doute, et j'ai cette pensée que peut-être il y a de l'injustice. Pourquoi suis-je si heureux ? » s'écria Pamphilius en souriant.

« Oui, » soupira Julius, « peut-être que moi

aussi j'aurais été heureux, plus heureux que maintenant, si je n'avais pas rencontré cet inconnu, et si j'étais allé chez vous. »

« Si vous le pensez, qu'est-ce qui vous retient?... »

« Et ma femme. »

« Vous dites qu'elle a un penchant pour le christianisme. S'il en est ainsi, elle viendra avec vous. »

« C'est vrai. Mais je viens seulement de commencer ma nouvelle vie; serait-il sage d'y renoncer si vite? Nous l'avons commencée; nous ferons mieux de la poursuivre jusqu'à la fin; » dit Julius, pensant d'abord au désappointement de son père, de sa mère, de ses amis, s'il devenait chrétien, et encore à l'effort douloureux qu'il lui en coûterait pour effectuer cette révolution.

A ce moment la jeune fille. l'amie de Pamphilius, accompagnée d'un jeune homme, paraissait à la porte de la boutique. Pamphilius alla leur parler, et le jeune homme lui dit, en présence de Julius, qu'il avait été envoyé par Cyril pour acheter du cuir. Les raisins étaient déjà vendus, et des achats de blé faits avec le produit de la vente des raisins. Pamphilius proposa au jeune homme de retourner au village avec Magdalen, emportant le blé avec eux, et de se charger lui-même de l'achat du cuir.

« C'est là la meilleure décision à prendre, » insista-t-il.

« Non, il sera préférable que Magdalen vous accompagne, » répondit le jeune homme en s'en allant. Julius accompagna son ami aux magasins d'un marchand de blé de sa connaissance, et là Pamphilius remplit les sacs de blé, remit un petit paquet à Magdalen, hissa son lourd fardeau sur ses épaules, dit adieu à Julius, et s'éloigna avec la jeune fille.

Au bout de la rue, Pamphilius se retourna, salua amicalement son ami, et continua sa route en marchant joyeusement avec Magdalen.

« Oui, il eût été préférable pour moi d'embrasser la foi chrétienne, » réfléchit Julius. Et deux tableaux se dessinaient dans son imagination, s'y disputant la suprématie. Tantôt il voyait le robuste Pamphilius avec cette jeune fille belle et bien faite, leurs paniers sur la tête, et tous deux radieux de bonheur et de joie; tantôt il voyait le foyer qu'il avait quitté ce matin où il allait retrouver le soir sa femme, jolie, c'est vrai, mais dont les charmes commençaient déjà à le laisser froid. La voilà richement habillée et parée de joyaux, amollie sur de riches tapis et coussins.

Mais il eut très peu de temps à y penser. Il fut interrompu d'abord par ses affaires, puis par des camarades, avec qui il passa la soirée en mangeant et en buvant, et il rentra chez lui la nuit.

CHAPITRE VI

Dix ans s'écoulèrent. Pendant tout ce temps, Julius ne se rencontra jamais avec son ami. Il pensa de moins en moins souvent à leur rencontre d'autrefois et à leur discussion, et à l'impression qu'elle avait faite sur lui, tant par rapport à Pamphilius personnellement que par rapport aux chrétiens en général. Cette impression devint de moins en moins forte, et enfin elle sembla avoir tout à fait disparu. La vie de

Julius était très ordinaire. Son père était mort, et il s'était chargé de toutes les affaires de la maison ; un commerce très compliqué, avec ses clients et ses vendeurs en Afrique, ses employés dans la ville, ses recettes à faire toucher et ses paiements à effectuer. Malgré lui, Julius s'était entièrement donné à ses affaires, mais il avait les ennuis de sa femme à supporter. Puis il avait été élevé à une position civique, et cette nouvelle occupation, en flattant son amour-propre, lui donnait beaucoup de plaisir. A partir de ce moment, en plus de ses propres affaires, il s'occupa de la vie publique. On reconnut en lui un homme capable, bien doué, ayant la parole facile et agréable ; il commença à se faire remarquer parmi ses concitoyens et sembla destiné à arriver aux plus hauts honneurs civils de sa ville natale.

Ces dix ans amenèrent des changements considérables dans sa vie de famille, changements qui lui furent désagréables au plus haut point. Il était maintenant père de trois enfants, et l'un des effets de leur naissance avait été de rendre plus aiguës encore ses relations avec sa femme. Premièrement, elle avait perdu beaucoup de sa fraîcheur et de sa beauté; et puis, elle s'occupait moins de lui qu'auparavant; toute sa tendresse et toutes ses caresses étant réservées à ses enfants. Quoique les enfants fussent confiés à la nourrice, comme on le faisait toujours chez les païens, Julius les trouvait souvent dans l'appartement de la mère, ou bien, après avoir cherché vainement celle-ci, il la découvrait chez la nourrice. Julius regardait les enfants comme un fardeau ennuyeux, une source de troubles et de désagréments plutôt que de plaisir. Absorbé dans ses affaires publiques et privées, Julius avait abandonné sa vie irrégulière, mais il éprouvait le besoin d'un repos intellectuel à la fin de ses travaux journaliers, et ce besoin n'était plus rempli par la société de sa femme. Elle était de plus en plus incapable de satisfaire ce besoin parce que par suite de ses entretiens avec une esclave chrétienne elle se laissait entraîner vers la nouvelle doctrine, jusqu'à négliger ces parures et embellissements extérieurs, ce verni du paganisme duquel Julius faisait si grand cas. Ne trouvant plus dans la société de sa femme la satisfaction qu'il recherchait, Julius se lia avec une femme de mœurs légères, près de laquelle il passait tous les moments de loisir qui lui restaient à la fin de sa journée. Si on lui avait demandé à ce moment s'il était heureux, il aurait eu beaucoup de difficulté à répondre; ses occupations étaient tellement nombreuses et absorbantes, avec ses affaires et ses plaisirs, qu'il était constamment surmené; mais aucune de ses occupations n'était de nature à satisfaire entièrement ses désirs, et d'aucune il ne pouvait dire qu'elle trompait son inquiétude. Avant d'entreprendre une affaire sérieuse, sa première préoccupation était comment l'accomplir le plus vite possible; et il n'y avait pas un seul de ses plaisirs qui ne fût empoisonné par quelque chose et qui ne fût pas gâté par ce dégoût qui vient de la satiété.

C'est ainsi que son existence s'écoula, jusqu'au jour où un événement inattendu faillit changer tout le cours de sa vie. Il prenait part aux jeux olympiques, et guidait bien son chariot vers l'arrivée lorsqu'il le cogna contre un autre qui était un peu en avant. Une des roues de son chariot se cassa et il fut précipité par terre avec une telle force que deux côtes et son bras droit furent fracturés dans la chute. Les blessures étaient très graves, mais elles n'étaient pas mortelles. On le transporta à sa maison où il se vit forcé de garder le lit pendant trois mois.

Pendant ces trois mois d'affreuses souffrances physiques, son esprit devint très actif. Il employa ses loisirs forcés à méditer sur sa vie, qu'il regarda à un point de vue tout impartial, comme s'il s'agissait de la vie d'une personne étrangère.

Il n'était point satisfait de sa vie passée, et trois événements fâcheux venaient lui faire une impression plus pénible que sa douleur réelle. Le premier était la trahison d'un vieil esclave, qui, après avoir servi son père avec loyauté pendant de longues années, disparaissait avec une quantité de pierres précieuses qu'il avait reçues d'Afrique pour le compte de son maître. Cette trahison avait apporté le désordre dans ses affaires et lui avait occasionné une grande perte. Le second était l'infidélité de sa maîtresse, qui l'avait quitté et s'était choisi un autre protecteur. Le troisième, l'événement qui le touchait le plus, était l'élection de son rival à un poste de distinction pour lequel il était lui-même candidat. Les élections aussi avaient lieu pendant sa maladie, et il perdait sa position. Tous ces contre-temps, Julius en était convaincu, étaient le résultat de sa maladie, qui, en somme, avait eu sa cause dans la déviation de son chariot d'un centimètre à peine à gauche. Étendu ainsi sur son lit, ses pensées se fixaient involontairement à ces petits incidents sur lesquels son bonheur reposait ; et puis, il se souvenait de ses autres malheurs, de ses efforts pour devenir chrétien, puis de Pamphilius qu'il n'avait pas vu depuis dix ans. Ces réminiscences furent accentuées par ses conversations avec sa femme, qui, maintenant qu'il était souffrant et au lit, venait passer la plupart de son temps avec lui et lui dire tout ce qu'elle avait appris de son esclave au sujet du christianisme. Cette esclave avait demeuré pendant quelque temps dans la même colonie que Pamphilius et le connaissait personnellement. Julius, en apprenant cela, exprima le désir de voir la femme, et quand elle s'approcha de lui, il lui demanda plusieurs choses concernant la vie des chrétiens et celle de Pamphilius.

Pamphilius, lui dit-elle, était l'un des membres les plus actifs de la fraternelle association, aimé et respecté de tous. Il avait épousé Magdalen, avec laquelle Julius l'avait vu il y a dix ans, et maintenant il était père de plusieurs enfants. « Oui, » disait l'esclave, en terminant, « ceux qui doutent que le bon Dieu a créé les hommes pour qu'ils soient heureux, doivent visiter la colonie et voir Pamphilius et Magdalen. »

Julius renvoya l'esclave et resta seul en réfléchissant à la signification de ce qu'il venait d'entendre. Il ressentit un sentiment d'ennui quand il compara la vie de Pamphilius à la sienne, et essaya de chasser de telles idées. Afin de se distraire, il se prit à lire un document que sa femme lui avait laissé. Il y lut :

« Il y a deux chemins : l'un mène à la vie, l'autre à la mort. Le chemin de la vie, le voici : D'abord, il faut que tu aimes Dieu qui t'a créé ; ensuite, que tu aimes ton prochain comme toi-même, et que tu ne fasses pas à autrui ce que tu ne veux pas que les hommes te fassent. Les enseignements renfermés dans ces deux commandements peuvent être ainsi exprimés : Bénis ceux qui te haïssent ; prie pour tes ennemis ; fais du bien à ceux qui te persécutent, car si tu n'aimes que ceux qui t'aiment, quelle récompense en auras-tu ? Les méchants mêmes n'en font-ils pas autant ? Aime ceux qui te haïssent ; et tu n'auras point d'ennemis. Fuis les convoitises de la chair et du monde. Si quelqu'un te frappe à la joue droite, présente-lui aussi l'autre, et tu seras parfait. Si quelqu'un te veut contraindre d'aller une lieue avec lui, fais-en deux. Si quelqu'un veut plaider contre toi et t'ôter ta robe, laisse-lui encore l'habit. n'essaye pas de les recouvrer, car tu ne peux point le faire. Donne à celui qui te demande, et ne réclame point ce que tu as donné ; car le Père veut que ces dons bienfaisants soient conférés à tous. Béni est celui qui fait l'aumône suivant les commandements.

« Le second sermon de la Doctrine, le voici : Tu ne tueras point ; tu ne commettras point l'adultère ; tu ne déroberas point ; tu ne te serviras point de la sorcellerie ; tu n'empoisonneras point ; tu ne convoiteras point ce qui appartient à ton prochain ; tu ne jureras point ; tu ne diras point de faux témoignage ; tu ne diras point de mal d'autrui ; tu ne te souviendras point du mal. Ne sois point de cœur partagé, n'aie pas deux paroles...

« Ne souffre point que ta parole soit fausse, ni vaine, mais qu'elle soit conséquente avec tes actes. Ne sois point avare, ne sois point rapace, ni hypocrite, ni malicieux, ni orgueilleux. N'imagine point de mauvais projets contre ton prochain. Ne nourris point de haine contre tes semblables; pardonne aux uns, prie pour les autres, et aime ton prochain encore plus que tu n'aimes ton âme.

« Mon enfant, fuis le mal de toute sorte, et tout ce qui ressemble au mal. Ne sois pas en colère, parce que la colère conduit au meurtre; ni jaloux, ni querelleur, ni emporté, car le meurtre résulte de ces choses. Ne sois point sensuel, mon fils, car la sensualité mène à la fornication. N'emploie point des mots légers dans ta conversation, car cela mène à l'adultère. Mon fils, ne fais point de sorcelleries, évite ceux qui font de telles choses, car elles ressemblent à l'idolâtrie. Mon fils, ne mens point, car le mensonge est le chemin du vol; ne sois pas ambitieux d'argent ni d'honneurs, car le vol en résulte. Ne sois point querelleur, mon fils, car cela est une source de blasphème; ni insolent, ni malveillant, car le blasphème en est le fruit. Sois humble, car les débonnaires hériteront de la terre. Sois patient et aimable, et indulgent et modéré, et bon; ne sois point exalté, ne fréquente point ceux qui sont fiers, et entretiens des rapports avec les justes et les humbles. N'importe quoi qui t'arrive, accepte-le comme un bien, sachant que rien ne t'arrive contre la volonté de Dieu. Mon fils, n'excite point de divisions parmi les hommes, mais fais la paix entre ceux qui sont en désaccord. N'élargis point les mains en recevant et ne les rétrécis point en donnant ; ne recule point à donner, et, ayant donné, ne le rappelle point, car tu connaîtras le bon Dispensateur des récompenses. Ne te détourne point des malheureux, mais reste auprès de ton frère en toute circonstance. N'appelle rien ta propriété à toi, car si Dieu te permet de partager l'impérissable avec lui, combien plus disposé tu dois être à partager le périssable. Enseigne à tes enfants, dès leur première jeunesse, à aimer Dieu. Ne commande pas tes esclaves ni tes domestiques avec colère, afin qu'ils ne cessent point de craindre Dieu, qui est notre souverain unique ; car il n'appellera pas les hommes suivant leur apparence, mais il appellera ceux qui seront préparés par l'esprit.

« Et le chemin de la mort ? le voici. D'abord

il est mauvais et plein de malédictions. Dans ce chemin se trouvent le meurtre, l'adultère, le désir sensuel, la fornication, le vol, l'idolâtrie, la sorcellerie, l'empoisonnement, la rapacité, le faux témoignage, l'hypocrisie, la déception, la ruse, l'orgueil, la malice, le blasphème. l'envie, l'insolence, l'arrogance ; ici se trouvent aussi les persécuteurs des justes, les ennemis de la vérité et les menteurs, ceux qui nient qu'il y aura une récompense pour les justes ; ceux qui restent éloignés de ce qui est droit, et du jugement juste ; ceux qui ne sont pas disposés pour le bien mais seulement pour des projets mauvais ; ceux qui ne connaissent point l'humilité et la patience. Ici se trouvent aussi ceux qui se réjouissent de vanité, et ne cherchent que des récompenses ; ceux qui ne se sentent aucune pitié pour les pauvres, qui ne travaillent point pour aider ceux qui ont trop à faire, et qui ne connaissent point leur Créateur. Les assassins des enfants, ceux qui brisent l'image de Dieu en morceaux, ceux qui se détournent des malheureux et foulent aux pieds les opprimés ; les défenseurs des riches, les juges injustes des pauvres, les pécheurs en tout. Mes enfants, méfiez-vous de telles personnes. »

Longtemps avant d'avoir achevé sa lecture, il se sentait dans la position où se trouvent ceux qui lisent un livre — c'est-à-dire les pensées des autres — avec un véritable désir de saisir la vérité ; leurs âmes entrent en communion avec ceux qui ont eu ces pensées. Julius lisait encore, devinant ce qui allait suivre, et non seulement acceptant les idées énoncées, mais leur donnant pour ainsi dire leur expression en lui-même.

Il lui arriva à ce moment quelque chose de si ordinaire, si terre à terre, que cela échappe généralement à l'attention, bien que ce soit un des phénomènes les plus mystérieux et les plus importants de la vie. Cela consiste dans le fait qu'un homme soi-disant vivant, devient réellement vivant lorsqu'il entre en communion et s'unit avec ces soi-disant morts, et les fait entrer dans sa propre vie. L'âme de Julius devint une partie de celles des écrivains de ces pensées, et, après cette communion intime, il s'examina et jeta un coup d'œil sur son existence. A lui-même, sa vie entière lui sembla une erreur terrible. Il n'avait pas vécu ; mais il avait, avec ses soucis et ses anxiétés concernant la vie et sa soumission à la tentation, détruit la possibilité même d'une vraie vie.

« Je ne veux pas fouler ma vie aux pieds et

la détruire, » se dit-il ; « je veux vivre, je veux prendre la voie qui mène à la vie. »

Tout ce que Pamphilius lui avait dit, lui revenait maintenant avec toute la clarté et la force d'il y a dix ans. Tout lui semblait si évident et si clair, qu'il était étonné d'avoir pu, sur les paroles d'un inconnu, abandonner son intention de devenir chrétien. Un des conseils de l'étranger lui revenait aussi à l'esprit : *Lorsque vous avez goûté de la vie, alors, si vous le voulez, vous pouvez aller chez les chrétiens.*

« J'ai goûté la vie, » se dit-il, « et je l'ai trouvée sans aucune attraction, sans aucune substance. » Il se souvenait aussi de la promesse de Pamphilius que, n'importe quand il viendrait aux chrétiens, il pouvait être certain d'avoir une réception cordiale. « Assez ! » s'écria-t-il ; « j'ai dévié et souffert assez longtemps ; j'abandonnerai tout, et je deviendrai chrétien pour vivre d'après les règles écrites dans ce document. » Il fit part à sa femme de son intention ; elle fut ravie de l'apprendre.

Elle se prépara à le suivre dans sa retraite. La question, maintenant, était de savoir comment s'y prendre. Que faire avec les enfants? Doit-on les prendre et les faire baptiser, ou les laisser avec leur grand'mère païenne ? Serait-ce bien, ou même humain, de les faire chrétiens et de les exposer ainsi, après des années d'une vie luxueuse, aux privations qui étaient si chères aux membres de la secte? La femme esclave proposa de les accompagner et d'élever les enfants comme chrétiens. Mais la mère ne pouvant pas s'y résigner, il fut décidé qu'ils seraient confiés à la grand'mère. L'approbation donnée par Julius à cette proposition écarta la dernière difficulté, et les préparatifs pour le départ furent immédiatement commencés par Julius et sa femme.

CHAPITRE VII

Enfin tous les préparatifs furent terminés. La seule difficulté était l'état de santé de Julius ; ses blessures n'étaient pas encore guéries. Cela le força à remettre à quelques jours, peut-être à quelques semaines, cet acte décisif qui devait briser les liens l'attachant à la religion, aux traditions et à la façon de penser de ses pères, et qui l'introduirait dans la nouvelle vie qu'il avait choisie. Une nuit, il s'endormit plein de confiance dans sa nouvelle résolution. A son réveil, le matin, il fut informé qu'un médecin habile, de passage dans la ville, avait exprimé le désir de le voir et était convaincu qu'il pourrait lui rendre la santé et les forces. Julius fut ravi, dit qu'il allait voir le médecin immédiatement, et quelques minutes plus tard il échangeait ses compliments avec l'inconnu qu'il avait rencontré il y a quelques années et qui l'avait déterminé à abandonner son intention de se faire chrétien.

Ayant examiné ses blessures, le médecin fit une ordonnance de certains médicaments qu'il disait devoir fortifier le malade et hâter sa guérison.

« Est-ce que je peux espérer me servir encore de ma main ? » demanda Julius.

« Ah! oui. Vous serez capable de conduire

un char aussi bien qu'auparavant, et d'écrire aussi, tant que vous voudrez. »

« Je veux parler du travail fort, bêcher la terre, par exemple. »

« J'admets que ce n'était pas cette espèce de travail que j'avais en vue, » répondit le médecin, « car un homme dans votre position sociale n'a jamais besoin de recourir à cela. »

« Au contraire, cela est exactement la sorte de travail qui va exiger mes efforts. » Et alors Julius raconta au médecin qu'il avait suivi ses conseils et goûté la vie, qu'il avait trouvé toutes ses promesses déçues, et que maintenant, désappointé et non satisfait, il était absolument décidé à mettre en pratique l'intention qu'il avait eue il y a quelques années de se joindre à la colonie chrétienne.

« Eh bien, il faut qu'ils vous aient conté de

bien gros mensonges pour vous persuader d'entrer dans leur colonie; pour que vous, un homme dans une haute position sociale, avec des devoirs honorables et de lourdes responsabilités — surtout envers vos enfants, — vous soyez incapable de pénétrer le masque et de voir leurs erreurs. »

« Voulez-vous bien lire cela, » dit Julius avec signification, en remettant au médecin le document grec qu'il avait lu quelques jours auparavant, lecture dont les résultats avaient été tellement surprenants.

Le médecin prit le document et y jeta un coup d'œil.

« Je connais cette fraude, » répondit-il. « La seule chose qui m'étonne, c'est qu'un homme de votre intelligence puisse tomber aussi facilement dans un piège semblable. »

« Je ne vous comprends point. De quel piège parlez-vous ? »

« La valeur et l'essence de toute l'affaire reposent dans la conception de la vie humaine; et voilà des sophistes et des rebelles contre les hommes et les dieux, qui vous déclarent qu'un chemin mène au bonheur et qui vous dépeignent une sorte de vie organisée de telle façon que tous les hommes doivent être heureux, qu'il ne doive plus y avoir de guerres, ni d'exécutions, ni de pauvreté, ni d'immoralité, ni de querelles, ni de malice. Ils vous affirment que toutes ces conditions seront réalisées aussitôt que l'homme aura rempli les commandements du Christ de ne point quereller, ni de jurer, ni de faire de violence, ni de pousser une nation à l'inimitié contre une autre. La vérité est qu'ils se trompent et prennent la fin pour les moyens. Leur vrai but c'est d'empêcher les querelles, les injures, la vie irrégulière; la seule manière d'y arriver, c'est de se servir des moyens offerts par la vie sociale. Leur façon de présenter les faits est à peu près aussi naturelle et aussi logique que celle d'un professeur de tir qui dirait à son élève : « Vous atteindrez très facilement le centre de la cible si vous laissez la flèche aller sur une ligne directe de votre arc au point visé. » La difficulté est de faire que la flèche suive cette droite ligne. Voilà le problème; le redire n'est pas le résoudre. Dans le tir à l'arc, la difficulté est résolue en remplissant plusieurs conditions, telles que la corde de l'arc bien tendue, l'arc élastique, la flèche droite. Il en est ainsi de la vie. La meilleure vie, celle qui fera disparaître ou décroître le nombre des querelles, l'immoralité, les meurtres, est favorisée si vous avez la corde de votre arc bien tendue, c'est-à-dire des gouverneurs sages; votre arc élastique, c'est-à-dire le pouvoir reposant dans l'autorité; et votre flèche droite, c'est-à-dire des lois justes et impartiales. Les chrétiens, sous prétexte d'organiser la meilleure vie possible, démolissent tout ce qui nous a élévés dans le passé, et qui encore est propre à ennoblir l'humanité. Ils ne reconnaissent ni gouverneurs, ni autorité, ni lois. Mais ils soutiennent que sans gouverneurs, sans autorité, sans lois, l'existence humaine serait meilleure sous tous les rapports, si les hommes n'obéissaient qu'à la loi du Christ.

« Mais, quelle garantie avons-nous que les hommes obéiront à cette loi ? Aucune. Ils disent : « Vous avez essayé de vivre avec les

« autorités et les lois, et votre vie n'a pas réussi.
« Essayez-la maintenant sans les autorités et les
« lois, et vous verrez bientôt qu'elle deviendra
« satisfaisante. Vous n'avez pas le droit de nier
« cette hypothèse, parce que vous ne l'avez pas
« soumise au jugement de l'expérience. » Dans
ce raisonnement, le sophisme est évident.
Lorsque les chrétiens parlent ainsi, ils ne sont
pas plus sages que le cultivateur qui dirait :
« Vous mettez la semence dans la terre et la re-
« couvrez, mais, malgré cela, votre récolte n'est
« point ce que vous désirez. Je vous conseille de
« semer dans la mer, le résultat sera beaucoup
« plus satisfaisant. N'essayez pas de réfuter cette
« thèse par une simple négation; vous n'avez
« pas le droit de le faire, parce que vous ne
« l'avez pas soumise au jugement de l'expé-
« rience. »

« Oui, répondit Julius, il y a beaucoup de vrai dans ce que vous dites. » Il commençait à devenir faible dans sa résolution.

« Et cela n'est pas tout, » continua le médecin, « supposons qu'une chose absurde, impossible, soit arrivée, que toutes les croyances fondamentales et les pratiques du christianisme aient été communiquées d'une façon mystérieuse à l'humanité, que soudainement tous les hommes se soient mis à remplir les commandements du Christ, en l'aimant et en aimant leur prochain d'une ardeur égale. Je soutiens que, même alors que cela serait arrivé, la voie de la vie proposée dans leurs livres ne résisterait pas à la critique. Il n'y aura pas de vie, la vie aura cessé d'exister. Leur Maître était un vagabond célibataire; ses suivants seront, d'après nos prévisions, ce qu'était leur Maître, et le monde entier le serait aussi, si l'hypothèse que je viens de poser était réalisée. Ceux qui vivent actuellement, continueront à vivre ; mais leurs enfants ne vivront pas, ou certainement pas plus d'un sur dix de ceux qui parviendront dans les conditions normales à la virilité. Suivant les doctrines chrétiennes, les enfants devraient être égaux, les parents n'ayant pas plus de préférence pour leurs propres enfants que pour ceux des personnes inconnues. Maintenant, comment, je vous le demande, ces enfants seront-ils élevés et protégés contre tous les dangers qui les entourent, quand nous voyons que tout l'amour passionné que la nature a donné à la mère pour ses enfants suffit à peine à les préserver de la ruine et de la mort. Si les enfants tombent comme des mouches, maintenant que toutes les conditions leur sont favorables, que sera-ce quand le seul sentiment qui soutient les mères ne sera plus qu'une pitié égale pour tous les enfants?

« A quel enfant une femme donnera-t-elle les soins et l'éducation? Qui veillera sans sommeil, nuit après nuit, auprès de l'enfant malade et puant, si ce n'est la mère qui lui a donné la vie? La nature a donné une protection à l'enfant, sa mère ; les chrétiens l'enlèvent et ne mettent rien à sa place. Qui va donner l'instruction à l'enfant, le dresser, pénétrer jusqu'au fond de son âme, et de là, former son caractère, si ce n'est son père? Qui va le protéger des dangers et des souffrances? Tout cela est enlevé par le christianisme, et même la vie elle-même, — je veux dire que la propagation de la race humaine est arrêtée. »

« Là aussi, vous avez raison, » interrompit

Julius, emporté par le raisonnement clair, éloquent et argumenté du médecin.

« Non, mon ami; détournez-vous de ces idées irréfléchies, et vivez suivant ce que vous dicte la raison, surtout à présent, que des devoirs si importants, si nobles et si urgents pèsent sur vous. Il y a pour vous une question d'honneur à les remplir. Vous avez vécu jusqu'au moment de votre seconde période de doute, et maintenant, si vous voulez marcher en avant, tout le doute disparaîtra. Votre première et plus urgente obligation, c'est d'entreprendre l'éducation de vos enfants, que jusqu'ici vous avez très négligés. Votre devoir envers eux, c'est d'en faire des membres dignes de l'État. L'État vous a conféré tout ce que vous possédez, et maintenant il est de votre devoir, en retour, de donner à l'État des citoyens dignes dans les personnes de vos enfants. Une autre obligation qui s'impose est celle que vous devez à la société. La non réussite de quelques-uns de vos projets vous a dépité et aigri ; cela, en somme, n'est qu'un accident passager. Rien qui vaille la peine d'être possédé ne se gagne sans efforts et sans luttes, et c'est seulement la victoire durement gagnée qui donne la joie au triomphe. Laissez votre femme s'occuper des bavardages vains des écrivains chrétiens ; votre devoir est d'être un homme, et de faire de vos enfants des hommes. Commencez à faire ceci, persuadé que c'est votre devoir, et tous vos doutes s'évanouiront, car ils ne sont que les symptômes et les résultats de votre état morbide. Remplissez vos obligations envers l'État en le servant fidèlement et en préparant vos enfants à le servir :

faites-les indépendants, dévoués, bons, et dignes de prendre votre place, et, ayant fait cela, essayez si vous voulez de la vie qui vous attire tant ; mais jusqu'à ce que vous ayez fait votre devoir, vous n'avez pas le droit d'abandonner votre travail actuel, et si vous le faites, vous ne rencontrerez que la désillusion et la souffrance. »

CHAPITRE VIII

Que cela fût l'effet de la médecine, ou de la conversation et des conseils du médecin, on ne peut pas le dire, mais Julius fut bientôt remis, et toutes ses idées du christianisme ne lui restèrent que comme le souvenir d'un délire de folie.

Le médecin resta très peu de temps dans la ville, et quelques jours après son départ, Julius avait repris ses affaires et commençait à mettre sérieusement en pratique la nouvelle vie qu'on lui avait tracée. Il engagea un professeur pour ses enfants, mais il se réserva la direction générale de leur éducation. Il se dévoua aussi aux affaires publiques. Son succès fut remarqué et rapide, et bientôt il jouit d'une influence énorme dans la ville.

Une année se passa ainsi, pendant laquelle il ne pensa guère aux chrétiens. Au bout de ce temps il fut envoyé au village des chrétiens pour juger un procès qui leur était fait.

Un représentant de l'empereur romain était arrivé en Cilicie pour réprimer le christianisme. Julius avait entendu parler des mesures employées contre les chrétiens, mais il n'avait pas appris qu'elles touchassent à la colonie où demeurait Pamphilius, et pour cela ne pensait pas à son ami dans cette affaire. Un jour, il traversait la place en face du tribunal lorsqu'un vieillard mal habillé approcha vivement de lui. Cet inconnu était Pamphilius, qui aborda Julius en disant : « Vous voici. J'ai une demande très importante et très urgente à vous adresser, mais je ne sais pas si pendant cette persécution cruelle des chrétiens vous voudrez me reconnaître comme un ami, ou si vous ne craindrez pas de perdre votre position en ayant affaire avec moi. »

« Je ne crains personne, » répondit Julius, « et afin que vous n'ayez pas de doutes à cet égard, je vous invite à venir chez moi. Encore, je remettrai mon travail pour pouvoir causer avec vous et vous rendre service s'il m'est possible de le faire. Venez. A qui cet enfant ? »

« C'est mon fils. »

« Ah, oui, je n'avais vraiment pas besoin de

vous le demander. Je reconnais des traits dans son visage, je reconnais aussi ces yeux bleus, et ne crois pas nécessaire de vous demander qui est votre femme. Elle ne peut pas être autre que cette belle jeune fille avec laquelle je vous ai vu à Tarse il y a de nombreuses années. Ce sont ses yeux. »

« Vous avez bien deviné, » répondit Pamphilius. « Peu de temps après notre dernière rencontre, nous nous sommes mariés. »

Les deux amis entraient chez Julius. Celui-ci appela sa femme et lui confia l'enfant, puis introduisit Pamphilius dans son riche appartement qui était éloigné des autres pièces dans la maison. Arrivé, il dit : « Ici nous pouvons causer tant que nous voudrons, et personne n'entendra rien. Vous êtes loin des oreilles indiscrètes maintenant. »

« Oh ! ce n'est pas que j'aie peur qu'on m'entende. Au contraire. Du reste, la demande que j'ai à vous faire n'est pas que le pardon soit accordé aux chrétiens qui ont été arrêtés et condamnés à mort ; ce que je désire de vous, c'est simplement que la permission leur soit donnée de faire une profession de foi publique. »

Pamphilius raconta alors comment les chrétiens qui avaient été privés de la liberté par les autorités, avaient communiqué la nouvelle de leur arrestation aux membres de la colonie, et comment Cyril. le doyen, au courant des relations amicales qui existaient entre Pamphilius et Julius, l'avait chargé de venir présenter la demande des chrétiens incarcérés.

Les prisonniers ne demandaient pas d'être

graciés. Ils croyaient que leur mission dans la vie était de témoigner leur foi dans la vérité de l'enseignement du Christ. Ce témoignage, ils pouvaient l'offrir par une longue vie de quatre-vingts ans, ou en se résignant aux douleurs d'une mort cruelle. Il leur était tout à fait égal que ce fût par l'une ou par l'autre de ces deux façons qu'ils pussent remplir l'objet principal de leur existence. La mort physique, qui était inévitable, ne les effrayait point, et elle leur était aussi acceptable maintenant que dans une cinquantaine d'années. Mais ils étaient avant tout anxieux que leur sacrifice fût profitable aux autres, et pour s'assurer de cela, ils avaient chargé Pamphilius d'intercéder pour que leur procès et leur exécution eussent lieu en la présence du public.

Julius fut étonné de la demande étrange de

Pamphilius, mais il lui promit de faire son possible pour qu'elle fût agréée.

« Je vous ai promis ma médiation, » dit-il, « par un sentiment d'amitié pour vous et à cause de la disposition particulière d'amabilité que vous provoquez toujours en moi. En même temps, je dois vous dire que je regarde vos thèses comme extravagantes et dangereuses au plus haut degré. J'ai le droit, je pense, de faire un jugement sur ce sujet, car j'ai de l'expérience. Il n'y a pas très longtemps que, dans un moment de désespoir causé par le dépit et la maladie, j'ai partagé vos idées à un tel point que j'ai failli renoncer à tout et m'associer à votre secte. Je connais maintenant d'où proviennent toutes vos erreurs, et je vois la pierre angulaire du système entier, j'ai passé par là : c'est l'amour-propre, la faiblesse et la débilité causées par la maladie. Oui, le christianisme est un culte pour les femmes, non pas pour les hommes. »

« Pourquoi ? »

« Parce que, quoique d'un côté vous reconnaissiez que la lutte, et les nombreuses formes de violence qu'elle provoque, est innée dans la nature humaine; vous refusez, d'un autre côté, de vous éloigner d'elle et de ses fruits et de les abandonner à ceux qui pensent autrement que vous. De cette façon, sans contribuer pour votre part à la somme des efforts humains, vous n'êtes pas assez logiques pour pouvoir vous passer des avantages que l'organisation actuelle de la société vous accorde, — organisation que vous savez être fondée sur la violence. Est-ce juste ? Le monde a toujours existé, grâce à ses gouverneurs et au moyen d'eux.

Ils prennent sur eux-mêmes la tâche et la responsabilité de gouverner; ils nous protègent contre nos ennemis étrangers et intérieurs. Gouvernés, nous rendons hommage à nos gouverneurs et nous les respectons. Nous obéissons à leurs commandements et, s'il est nécessaire, les aidons à servir l'État. Mais vous, chrétiens, au lieu de faire votre possible pour le bien commun, comme les autres, et ainsi d'apprendre graduellement à regarder vos gouverneurs comme vos supérieurs, vous semblez pouvoir à peine vous admettre comme les égaux de César. Non satisfaits de ceci, vous protestez contre les tributs et les taxes, l'esclavage, les tribunaux, les exécutions, la guerre, en un mot, contre toutes ces institutions qui lient les hommes et les gardent unis. Si le peuple se prêtait à vos doctrines, la société s'écroulerait bien vite, et ses membres retourneraient à l'état des premiers sauvages. Tout en vivant dans l'État, vous prêchez la destruction de l'État, vous, dont l'existence dépend de l'État. Si l'État n'existait pas, on n'aurait jamais entendu parler de vous ni de vos frères; nous serions tous des esclaves des Scythes ou des premières tribus sauvages qui nous auraient découverts.

« Vous êtes comme une tumeur qui détruit le corps, quoique ne vivant que sur le corps. Le corps, vivant, lutte contre la tumeur et la détruit; nous ne pouvons pas faire autrement que d'agir de la même manière envers vous. Aussi, malgré ma promesse de vous aider à obtenir ce que vous désirez, je regarde vos principes comme les plus mauvais et les plus vils. Vils, parce que je soutiens qu'il n'est ni honorable ni juste de manger le sein qui vous nourrit ; et c'est ce que vous faites, vous, qui voulez profiter des bienfaits de l'État et qui ne voulez rien faire pour appuyer l'organisation par laquelle l'État existe. Vous essayez même de la détruire. »

« Il y aurait beaucoup de vérité dans ce que vous dites, » reprit Pamphilius, « si notre vie ressemblait à votre description. Mais vous n'avez pas l'expérience de la vie que nous poursuivons, et l'idée que vous vous en faites est fausse et trompeuse.

« Les moyens de vivre dont nous faisons usage sont facilement obtenus sans avoir à recourir à la violence. L'homme est tellement constitué que, tant qu'il jouit de sa santé normale, il peut obtenir par le travail de ses mains plus qu'il n'a besoin pour vivre. Vivant en commun ensemble, nous pouvons, par le travail de nos mains, soutenir nos enfants et nos vieillards, nos malades et nos infirmes.

« Vous prétendez que vos gouverneurs protègent les hommes des ennemis étrangers et domestiques. Nous aimons nos ennemis, et, par conséquent, ils ne le sont pas pour nous.

« Vous prétendez que nous, chrétiens, nous éveillons dans le cœur d'un esclave le désir d'égaler César. Pour dire vrai, nous faisons le contraire; en parole et en exemple nous prêchons l'humilité et le travail — le plus bas travail même, celui du journalier ordinaire.

« Concernant les affaires de l'État, nous ne savons, nous ne comprenons absolument rien. Mais nous savons parfaitement et sans la possibilité de doute, que notre bonheur se trouve où se trouve le bonheur des autres, et il est là où nous le cherchons toujours. Le bonheur des hommes se trouve dans leur union. Cette union ne doit pas être forcée par la violence, mais amenée par l'amour. La violence d'un malfaiteur envers un passant n'est pas plus abominable que la violence employée par des troupes contre un prisonnier, ou par un juge contre un accusé, et il est impossible que nous consentions à approuver ou à participer à l'une ou à l'autre. La violence ne nous est pas etrangère peut-être, mais notre part consiste à nous soumettre à elle sans protestation et non pas à l'appliquer aux autres. »

« Oui, » interrompit Julius, « vous semblez être des martyrs et toujours prêts à sacrifier vos vies pour la vérité. En réalité, la vérité n'est pas de votre côté; vous êtes des inconséquents, occupés à miner les fondations de la vie sociale. Par la parole vous prêchez l'amour, mais il n'y a pas besoin d'analyser les résultats de ce soi-disant amour, pour se convaincre qu'il doit être appelé d'un tout autre nom ; car ces résultats sont la sauvagerie, la rétrogression à l'état primitif de la nature, le meurtre, le vol, les violences de toute espèce, qui, suivant vos doctrines, ne doivent pas être combattus ou bridés en aucune manière. »

« Non, il n'en est pas ainsi, » répondit Pamphilius. « Si vous voulez considérer soigneusement et impartialement ce qui résulte de nos enseignements et de notre vie, vous verrez, sans que je vous l'indique, non seulement que le meurtre, la violence et le vol n'en résultent pas, mais qu'au contraire, les crimes de cette nature ne peuvent pas être enrayés autrement que par l'emploi des moyens que nous conseillons.

Le meurtre, le vol et tous autres maux existaient dans le monde longtemps avant l'apparition du christianisme. On luttait contre eux en vain avec des armes dont nous contestons l'efficacité. Le principe qui consiste à combattre la violence avec la violence n'empêche pas le crime, mais le provoque en soulevant dans l'individu des sentiments de colère et d'amertume.

« Regardez le puissant empire romain : dans aucun pays a-t-on employé la même ardeur pour appliquer la loi qu'à Rome? L'étude de la législation et de son application juste aux besoins variés du peuple a été élevée à la hauteur des sciences spéciales. Les lois sont enseignées dans les collèges, discutées dans le Sénat, et administrées par les plus habiles des citoyens. La justice légale est regardée comme l'une des plus grandes œuvres de l'humanité, et le poste de juge est respecté. Et, toutefois, tout le monde sait qu'à ce moment il n'y a pas une cité plongée plus profondément dans la débauche et le crime que Rome. Rappelez-vous l'histoire de Rome, et vous serez frappé par ce fait que les romains se distinguaient par leurs vertus dans le passé, malgré la circonstance que leurs lois étaient moins nombreuses et moins soigneusement rédigées qu'aujourd'hui. A présent, à côté de l'étude, de la rédaction et de l'application des lois, nous remarquons une décroissance constante dans la moralité du peuple romain, les crimes augmentent, et les espèces d'offenses criminelles deviennent plus variées et plus artificielles chaque jour.

« Pour lutter victorieusement contre le crime, ou contre le mal de toute sorte, il n'y a qu'un moyen : celui que le christianisme met entre nos mains, l'amour. Les armes de vengeance païenne, la punition, la violence, sont absurdement inefficaces. Je suis certain que vous désireriez vous-même voir les hommes reculer devant le crime, non pas par la crainte de la punition, mais par l'absence d'un désir de faire du mal. Vous ne voudriez pas que l'humanité ressemblât à ces pauvres créatures enfermées dans les prisons, et qui s'abstiennent du crime seulement parce qu'elles sont sous clef et gardées par des geôliers. Toutes les lois de prévention et de remède qu'on ait jamais imaginées et toutes les punitions du monde sont impuissantes à déraciner la propension de faire du mal et de mettre à sa place le désir de faire du bien. Ce résultat ne peut être obtenu qu'en touchant le fond du mal, et ce fond se trouve dans l'individu lui-même. Faire cela est notre objet, tandis que vous concentrez vos efforts contre toutes les manifestations extérieures du mal. Vous ne pouvez pas espérer arriver jusqu'à la source, parce que vous ne la cherchez pas, vous ne savez pas où elle est cachée.

« Les crimes les plus répandus, tels que le meurtre, le vol, la fraude, ont trouvé leur source dans le désir des hommes d'augmenter ce qu'ils possèdent des biens de ce monde, ou tout simplement d'obtenir le juste nécessaire pour vivre, s'ils ne peuvent pas l'obtenir d'une autre façon. Quelques-uns de ces crimes sont punis par la loi, quoique ceux qui sont le plus compliqués et désastreux dans leurs effets soient couverts sous l'aile protectrice de cette même loi. Tels, par exemple, que les énormes fraudes commerciales et les mille façons d'enlever les biens aux pauvres imaginées par les riches. Les crimes, qui sont punis par la loi, sont arrêtés jusqu'à un certain point, ou plutôt rendus plus difficiles, et les criminels sont retenus par la crainte de la pénalité, et agissent alors avec plus de prudence et de ruse, essayant de deviner de nouvelles formes du crime que la loi ne touche pas. En observant les enseignements de la religion chrétienne, l'homme évite tous les crimes qui s'ensuivent de la lutte pour la richesse, et de sa distribution inégale. Nous enlevons tout mobile au crime, au vol et au meurtre, lorsque nous nous refusons à prendre pour nous-mêmes plus qu'il ne nous est nécessaire pour maintenir la vie et que nous offrons librement aux autres notre travail. De cette manière nous ne tentons jamais les autres par la vue d'une accumulation de richesses, parce que nous possédons rarement plus qu'il ne nous est nécessaire pour la vie du jour au lendemain. Un homme poussé au désespoir par la faim est prêt à commettre un crime afin de se procurer de quoi manger ; qu'il vienne à nous, il trouvera ce qu'il cherche sans avoir recours au crime et à la violence, car notre principe est de partager notre dernière croûte, notre dernier haillon avec ceux qui souffrent de la faim et du froid. Il en résulte qu'une classe de criminels nous évite entièrement, tandis que les autres viennent à nous pour trouver le salut ; ils abandonnent leurs habitudes criminelles et peu à peu deviennent des ouvriers utiles, travaillant comme les autres pour le bien général de l'humanité.

« Une autre catégorie de crimes est celle qui comprend les offenses provoquées par l'abandon aux passions, par exemple, à la vengeance, à la jalousie, à l'amour criminel, à la colère, à la haine. Les actes criminels de cette espèce ne sont jamais empêchés par la loi. L'individu sur le point de les commettre est dans un état d'irresponsabilité animale; libéré entièrement du frein moral, et ainsi aveuglé et poussé par sa passion, il est tout à fait incapable de prévoir le résultat ou de juger l'effet de ses actions. Un obstacle ne fait qu'augmenter la fureur de sa passion. Les lois, donc, sont parfaitement inutiles comme instruments de suppression de tels crimes. Notre méthode de les combattre est efficace. Nous ne croyons pas qu'un homme puisse atteindre le but de sa vie et en tirer satisfaction s'il se donne au service de ses passions, qu'il ne peut arriver à ce but et jouir de cette satisfaction qu'en lui-même, dans sa propre âme. Nous essayons par conséquent de dompter et régler nos passions par une vie de travail et d'amour, développant en cela jusqu'à un degré considérable la force et la souplesse du principe spirituel que nous renfermons en nous. A mesure que nous deviendrons plus nombreux et que notre foi pénétrera de plus en plus profondément dans les cœurs des hommes, les crimes dont je viens de parler diminueront.

« Enfin, il est encore une autre catégorie de crimes, c'est-à-dire ces crimes qui ont leur cause dans un désir sincère d'aider ses concitoyens. Le désir d'amoindrir les souffrances d'un peuple entier, par exemple, est un mobile qui pousse les hommes — on les appelle des conspirateurs — à tuer un tyran, croyant que cet acte de violence est dans l'intérêt de la majorité. La source de tels crimes est dans la conviction mal fondée que l'on peut faire le mal si le bien doit en sortir. Les crimes de ce genre ne sont point empêchés ou même diminués par la publicité donnée à la loi et l'application des peines qu'elle invoque, mais, au contraire, ils sont positivement provoqués par ces lois. Ceux qui font des délits de cette nature, quoique profondément trompés dans leurs espérances et leurs croyances, sont poussés à agir par une noble impulsion — le désir de faire le bien pour les autres. La plupart de ces hommes, s'ils sont sincères, sont prêts à abandonner tout ce qu'ils possèdent afin de réussir à leur but; aucune difficulté ne les décourage, aucun danger ne les effraye. Aussi la crainte de la punition est impuissante pour les retenir ou pour les faire hésiter. Au contraire, le danger les excite à une nouvelle vie et à une nouvelle activité, leurs souffrances les élèvent à la dignité des martyrs, leur gagnent la sympathie de beaucoup d'hommes et en stimulent encore d'autres à suivre leur exemple.

« C'est confirmé par l'histoire de n'importe quel peuple, et même de tous les peuples.

« Nous, chrétiens, nous croyons que le mal ne sera pas entièrement enrayé tant que les hommes n'arriveront pas à comprendre la gravité des malheurs qu'ils occasionnent à eux-mêmes et font aux autres. Nous savons qu'une fraternité ne saurait être fondée sans que nous soyons chacun un frère. Une fraternité ne peut pas être organisée sans frères. Donc, nous chrétiens, quoique nous apercevions clairement l'erreur de ces conspirateurs, nous ne pouvons pas faire autrement que d'apprécier leur sincérité et leur abnégation, et nous nous rapprochons d'eux pour les rencontrer sur le terrain commun du bien positif qu'on ne peut pas leur nier. Ils ne voient pas d'ennemis en nous, mais un peuple aussi sincère et aussi désireux de faire du bien qu'eux-mêmes, et beaucoup d'entre eux qui viennent à nous, après avoir acquis la conviction qu'une vie travailleuse, pleine de sollicitude pour le bien-être des autres, est indiscutablement plus avantageuse pour la société, et plus difficile que leurs faits de prouesse qui sont tachés par le sang humain versé sans nécessité. Les conspirateurs qui s'associent à nous dans cet état d'esprit, sont toujours parmi les membres les plus actifs et les plus vigoureux de la société en corps comme en esprit.

« Vous avez assez de données maintenant, Julius, pour pouvoir décider par vous-même qui attaque le crime avec le plus de succès et qui contribue le plus efficacement à le supprimer ; de nous, chrétiens, qui prêchons et montrons la joie et les délices d'une vie spirituelle, de laquelle aucun mal ne peut sortir, nous, qui prêchons l'exemple et l'amour ; ou de vos gouverneurs et juges, qui énoncent des punitions d'après les prévisions d'une loi morte, et finissent par exciter les hommes à la fureur et les pousser au dernier degré de la haine. »

« Si longtemps que je vous entends parler, » reprit Julius, « je ressens l'impression que votre point de vue est juste. Mais voulez-vous m'expliquer, Pamphilius, comment il arrive que l'on vous poursuit, que l'on vous persécute et qu'on vous tue ? Comment, en un mot, peut-il arriver que votre doctrine d'amour soit la cause de tant de troubles et de luttes ? »

« La source de cet état de choses anormal

n'est pas en nous, elle est dehors. Je parlais tout à l'heure d'une classe de crimes qui sont condamnés comme crimes et par l'État et par nous. Ces crimes sont des crimes violents, qui vont au delà des lois établies par n'importe quel État. En plus de ces lois, on reconnaît d'autres lois éternelles, communes à l'humanité et qui sont gravées dans le cœur de tout être humain. Nous, chrétiens, nous obéissons à ces lois divines et universelles, et voyons dans les paroles et la vie de notre Maître l'expression la plus juste, la plus claire, la plus large de ces lois. C'est pourquoi nous sommes arrivés à condamner comme un crime toute forme de violence qui est contraire aux commandements du Christ, dans lesquels nous reconnaissons l'expression de la loi de Dieu. Nous admettons que pour écarter autant que possible toute expression ou manifestation de malveillance contre nous, il nous faut observer les lois civiles du pays dans lequel nous demeurons. Mais au-dessus de cela, nous mettons la loi de Dieu qui dirige notre conscience et notre raison, et nous ne pouvons donc obéir qu'à ces lois d'État qui ne sont point opposées à celles de Dieu. Que César ait ce qui appartient à César; mais rendez à Dieu ce qui appartient à Dieu. Les crimes que nous désirons éviter ou supprimer ne sont pas seulement les offenses contre les lois de l'État dans lequel nous sommes nés et où nous vivons, mais avant tout, toute espèce de violation de la volonté de Dieu qui est la loi générale de l'humanité entière. Pour cela, notre lutte contre le crime est plus large que la vôtre qui est conduite par l'État.

« Notre reconnaissance de la loi de Dieu comme loi suprême choque et enrage ceux qui donnent la première importance à la loi privée, aux mesures législatives de l'État, par exemple ; ou, comme il arrive souvent, élèvent les coutumes de leur classe à la dignité de lois. Ces personnes, incapables de devenir des hommes, dans le vrai sens du mot, dans le sens auquel pensait le Christ en disant que la vérité ferait de nous de vrais hommes, sont satisfaites de rester les citoyens de tel ou tel État, des membres de telle ou telle société, et ils nourrissent naturellement des sentiments d'animosité envers ceux qui voient et proclament que l'homme a une destinée plus haute, une mission plus noble. Incapables de voir ou peu disposés à admettre cette haute destinée pour eux-mêmes, ils se refusent à la reconnaître pour les

autres. En parlant d'eux, le Christ disait :
« Malheur à vous, docteurs de la loi, parce
« qu'ayant pris la clef de la connaissance, vous
« n'y êtes point entrés vous-mêmes, et vous
« avez encore empêché d'y entrer ceux qui
« voulaient le faire. » Ce sont eux qui organisent contre nous l'opposition qui vous étonne tellement.

« Nous n'entretenons pas de sentiments de haine pour qui que ce soit, pas même pour ceux qui nous poursuivent et nous persécutent; et notre façon de vivre ne fait de mal ni n'occasionne de pertes à personne. Si on s'acharne contre nous, si on entretient des sentiments d'antipathie envers nous, l'unique raison, c'est que notre vie est un blâme constant contre eux et une condamnation de leur conduite, qui est fondée sur la violence. Pour en finir avec cette inimitié, dont la cause n'est pas en nous, qui ne vient pas de nous; car nous ne saurons cesser de croire à la vérité, en laquelle nous avons une foi éprouvée, et nous ne pouvons rien croire contre notre conscience et notre raison. Concernant l'hostilité que cette foi excite chez les autres, notre Maître disait : « Ne pensez pas que je sois venu apporter la « paix sur la terre, je suis venu apporter non « la paix, mais l'épée. » Le Christ ressentit les effets de cette haine lui-même, et il nous a prévenus souvent que nous allions les ressentir aussi. « Si le monde vous hait, » disait-il, « sa-« chez qu'il m'a haï avant vous... Si vous étiez « du monde, le monde aimerait ce qui serait « à lui; mais parce que vous n'êtes pas du « monde, et que je vous ai choisis dans le « monde, c'est pour cela que le monde vous

« hait : même le temps vient que quiconque
« vous fera mourir, croira rendre service à
« Dieu. » Mais, fortifiés par l'exemple du
Christ, nous n'avons pas peur de ceux qui
tuent le corps, parce qu'ils ne peuvent faire
plus.

« Éclairés par les rayons de la vérité, nous
vivons sous sa lumière, et notre vie ne connaît
pas la mort. Personne ne peut échapper à la
souffrance physique et à la mort. Le moment
viendra que nos tourmenteurs souffriront aussi
et mourront, et il est horrible de penser comment ces malheureuses créatures seront torturées à la vue de la mort qui va les dépouiller
de tout ce qu'ils ont amassé pendant leur vie
de travail. Grâce à Dieu, nous sommes garantis
contre la plus terrible de toutes ces souffrances,
car le bonheur que nous cherchons ne se trouve

pas dans une immunité des douleurs corporelles et de la mort, mais dans la préservation et le développement d'une résignation à toutes les difficultés de la vie ; dans la conviction consolatrice que tout ce qui nous arrive indépendamment de notre volonté est inévitable, et pour notre bien-être ; et surtout dans la certitude que nous sommes fidèles à notre conscience et à notre raison, ces deux nobles flambeaux que la vérité tient pour guides de l'homme. Ce n'est pas nous, mais les païens qui souffrent de cette inimitié, de cette haine, qu'ils nourrissent dans leur cœur comme un serpent. « Or, voici la *cause de* la condamnation : c'est que la lumière est venue dans le monde et que les hommes ont mieux aimé les ténèbres que la lumière parce que leurs œuvres étaient mauvaises. » Il n'y a rien pour nous inquiéter dans tout cela ; la vérité accomplira sa tâche. Les brebis entendent la voix du berger et le suivent parce qu'elles connaissent sa voix.

« Et le troupeau du Christ ne périra pas, mais il deviendra plus grand et plus puissant, attirant de nouvelles recrues de tous les coins du monde. « Le vent souffle où il veut ; et tu en entends le bruit, mais tu ne sais d'où il vient ni où il va. Il en est de même de tout homme qui est né de l'Esprit. »

CHAPITRE IX

Pendant que Pamphilius parlait, son fils se précipita dans l'appartement et se mit à embrasser son père. Malgré toutes les caresses que la femme de Julius lui avait prodiguées, il l'avait laissée et se réfugiait maintenant auprès de son père.

Pamphilius poussa un soupir, et se prépara à partir. Julius le retint et le pria de rester à dîner, et continua la conversation.

« Je suis étonné, » je l'admets, dit-il, « que vous soyez marié et que vous ayez des enfants. C'est un mystère pour moi que vous, chrétiens, vous puissiez élever vos enfants dans l'absence de la propriété. Comment les mères chrétiennes pourraient-elles être tranquilles, en pensant à l'avenir précaire, et en reconnaissant leur incapacité à mettre leurs enfants à l'abri du besoin? »

« En quoi nos enfants sont-ils plus à plaindre que les vôtres? » demanda Pamphilius.

« En ceci : ils n'ont pas d'esclaves pour les garder, ni de propriété pour assurer leur avenir. Ma femme est très favorablement disposée au christianisme. A un moment donné, elle était décidée à renoncer à sa vie actuelle et à devenir une chrétienne. Il y a quelques années de cela. Moi aussi, j'étais résolu à l'accompagner. Mais ce qui l'a effrayée le plus, ce fut la position précaire des enfants chrétiens, les besoins auxquels ils étaient exposés. Je dois vous dire que je ne pouvais que lui donner raison. C'était pendant que j'étais malade et retenu au lit. J'étais très dégoûté de la vie que j'avais menée, et je prenais la résolution de l'abandonner et d'entrer dans votre société. Mais les doutes de ma femme d'un côté, et les arguments de mon médecin de l'autre, m'ont convaincu que la vie d'un chrétien, du moins comme vous la comprenez et la pratiquez, n'est possible et bonne qu'à ceux qui sont célibataires. Les personnes avec une famille, les mères avec des enfants ne sont pas préparées pour une telle existence et ne doivent pas l'essayer. Encore, la conséquence de la vie que vous menez et que vous approuvez sera la cessation de la vie humaine, c'est-à-dire l'extinction de la race. Il est impossible de nier ce fait. Dans cette circonstance, je suis un peu étonné de vous voir avec cet enfant à côté de vous. »

« Et ce n'est pas le seul, » répondit Pamphilius, « car j'ai laissé à la maison un enfant dans la première jeunesse et une petite fille de trois ans. »

« Eh bien, voulez-vous bien m'expliquer comment vous pouvez justifier cela ? Je ne peux pas me l'expliquer. Comme je viens de vous dire, j'étais sur le point, il y a quelques années, de renoncer à ma vie actuelle pour me donner au christianisme. Mais j'étais père de plusieurs enfants, et tant qu'il pouvait m'être désagréable de l'admettre, il restait le fait brutal que je n'avais pas le droit de sacrifier mes enfants ; et reconnaissant l'importance de ce fait, je poursuivais ma carrière dans leur intérêt, afin de les élever dans les mêmes conditions que celles dans lesquelles j'avais reçu mon éducation. »

« Il est étrange que vous raisonniez ainsi, » dit Pamphilius ; « de circonstances semblables nous tirons des conclusions opposées. Nous disons, si les parents vivent d'après les idées du monde, qu'ils sont excusables, parce qu'ils ont déjà été gâtés. Mais les enfants ? C'est horrible ! De vivre dans le monde, de les exposer continuellement à ses tentations et ses dangers ! « Malheur au « monde à cause des scandales, car il est néces- « saire qu'il arrive des scandales ; mais malheur « à l'homme par qui le scandale arrive. » Ce sont les paroles de notre Maître. Pour cette raison je les cite, et aussi parce qu'elles sont l'expression de la vérité, mais non pas pour

faire de l'opposition. Il est vrai que la nécessité de vivre comme nous le faisons, résulte en grande partie de la circonstance qu'il y a des enfants parmi nous, des êtres tendres dont il a été dit : « Si vous ne changez pas et si
« vous ne devenez pas comme des enfants,
« vous n'entrerez point dans le royaume des
« cieux. »

« Mais comment une famille chrétienne peut-elle vivre, sans des moyens visibles et définis de se nourrir ? »

« Suivant nous, il n'y a qu'un moyen de subsistance : le travail au profit des autres, inspiré par l'amour. Vos moyens de vivre, au contraire, dépendent des violences et peuvent disparaître comme les richesses ; et alors, rien ne reste que le travail et l'amour des hommes. Nous soutenons que c'est notre devoir de nous acharner à ce travail et à cet amour, qui sont les basès, les fondations de tout, et de les augmenter autant que possible. Et quand on fait cela, la famille vit et prospère. Non, » continuait Pamphilius, « si j'avais des doutes sur la vérité des enseignements du Christ, si j'avais des hésitations en les mettant en pratique, tous ces doutes et ces hésitations disparaîtraient dès le moment que je me figurerais quel est le triste sort des enfants élevés dans le paganisme, entourés des associations et des influences parmi lesquelles vous avez été élevé vous-même, et élevez maintenant vos enfants. Quels que soient les efforts que font les hommes pour faire que la vie soit agréable et confortable au moyen des palais, des esclaves, des produits importés de l'étranger, la grande masse du peuple restera ce qu'elle a toujours été et ce qu'elle sera forcée de toujours être. La seule subsistance pour ces êtres se trouve dans l'amour de l'humanité et le travail ardent. L'homme désire s'affranchir de la nécessité de travailler ; il emploie les autres pour faire son travail, non pas volontairement et par amour, mais par violence, et, chose étrange, plus nous semblons nous enrichir, plus nous nous privons du seul vrai, naturel et consolant appui : l'amour. Plus la puissance du gouverneur est grande, moins il est aimé. La même observation est vraie pour cet autre appui : le travail. Plus un homme évite le travail et s'accoutume au luxe, moins est-il capable de travailler, et, par conséquent, il se prive de cette vraie et éternelle consolation. Et quand les parents mettent leurs enfants dans un milieu oisif, ils prétendent assurer l'avenir de leurs enfants! Pour vous convaincre de la vérité de ce que je vous dis, envoyez votre fils et le mien chercher une rue, transmettre un ordre, ou faire une commission importante, et vous verrez celui des deux qui se tirera d'affaire le mieux. Ou proposez de les confier à un professeur, et vous verrez celui des deux qui sera accueilli avec le plus d'empressement. Non, ne répétez jamais ces paroles terribles, qu'une vie chrétienne n'est possible qu'à ceux qui n'ont pas d'enfants. Au contraire, on pourrait mieux dire que mener la vie païenne n'est excusable que pour les célibataires. Mais malheur à celui qui offense l'un de ces petits. »

Julius se taisait.

« Oui, » dit-il après un long silence, « peut-être avez-vous raison ; mais leur éducation est déjà commencée, et ils sont sous les meilleurs maîtres. Qu'ils apprennent tout ce que nous connaissons, cela ne peut pas leur faire de mal. Ils ont le temps encore, et moi aussi. Ils seront libres de se donner à votre foi lorsqu'ils seront dans la fleur de l'âge et en pleine jouissance de leur intelligence, s'ils le veulent. Quant à moi, je peux le faire lorsque j'aurai assuré l'avenir de mes enfants et les aurai mis sur leurs pieds, pour ainsi dire ; et ayant rempli mes obligations envers eux, alors je redeviendrai mon propre maître. »

« Quand vous saurez la vérité, vous serez libre, » répondit Pamphilius. « Le Christ donne la liberté de suite ; les enseignements du monde ne vous la donneront jamais ! Adieu ! »

Pamphilius s'en alla avec son fils.

Le procès des chrétiens eut lieu en présence

du public. Julius vit Pamphilius et remarqua qu'il aidait les autres chrétiens à enlever les cadavres des martyrs. Il le remarqua, mais il ne parla pas à son ami, de peur de froisser ses supérieurs.

CHAPITRE X

Douze années s'écoulèrent encore. La femme de Julius était morte. Il était toujours accablé par les ennuis et les difficultés qui s'attachent à la vie publique. La poursuite du pouvoir avait été sa grande préoccupation, et maintenant le pouvoir lui échappait. Il était énormément riche et augmentait de jour en jour ses richesses.

Ses fils étaient devenus des hommes et menaient, surtout le cadet, une vie de luxe et d'extravagance. Ce jeune homme faisait des avaries considérables dans les épargnes de son père, et l'argent s'en allait plus rapidement qu'il n'avait été amassé. Une lutte survint entre Julius et ses fils, lutte tout à fait identique à celle qu'il avait eue à soutenir contre son père. Elle était caractérisée par les mêmes traits : — l'amertume, la jalousie, la haine. A ce moment un nouveau vice-roi fut nommé qui privait Julius de toutes les marques de la faveur impériale. Julius, abandonné par ses anciens admirateurs, s'attendait à être banni. Il alla à Rome afin de donner des explications et d'essayer à reconquérir la position qu'il avait perdue. Mais il ne fut pas reçu, et on lui ordonna de rentrer dans sa ville.

A son retour à Tarse il découvrit son fils se livrant à la débauche dans sa maison avec quelques amis dissolus. En Cilicie on avait répandu le bruit que Julius était mort, et voici que son fils célébrait sa mort de cette façon joyeuse. A cette vue, Julius perdit toute retenue de sa passion, frappa son fils et le laissa pour mort. Il se retira dans la chambre qu'occupait sa femme pendant son vivant. Ici, il trouvait un document contenant l'Évangile, et il relisait ces mots : « Venez à moi, vous qui êtes travaillés et chargés, et je vous soulagerai. »

« Oui, » se disait Julius, « il m'appelle depuis longtemps et je ne l'ai pas entendu. J'ai été désobéissant et méchant. Le fardeau que je porte est lourd, mon joug est difficile. »

Pendant longtemps Julius resta assis avec le manuscrit étendu sur ses genoux, en méditant son passé et se rappelant ce que Pamphilius lui avait dit à plusieurs reprises.

Enfin il se leva et chercha son fils. Il le

trouva debout et fut transporté de joie en voyant que ses coups ne lui avaient fait aucun mal.

Sans adresser la parole à son fils, il quitta la maison, et, traversant la rue, s'engagea sur le chemin qui conduisait au village chrétien.

Il marcha toute la journée et, le soir, s'arrêta à la maison d'un paysan, où il comptait passer la nuit. Dans une chambre, il trouva un homme étendu sur un banc. Le bruit des pas avait réveillé l'homme, qui regardait le nouveau venu.

Julius reconnut le médecin.

« Non, » s'écria-t-il, « vous ne me détournerez plus de ma résolution. C'est la troisième fois que je suis parti pour ce même village, et je sais que là, et là seulement, je retrouverai la paix de l'esprit. »

« Où ? » demanda le médecin.

« Chez les chrétiens. »

« Oui, vous trouverez la paix de l'esprit, peut-être, mais vous ne faites pas votre devoir. Vous manquez de force, mon ami ; les malheurs vous abattent. De vrais philosophes n'agissent jamais comme cela. Les désastres et les détresses ne sont que le feu qui éprouve l'or. Vous avez passé par l'épreuve, et, maintenant que vos services, qui pourraient être indispensables, sont le plus demandés, vous disparaissez. C'est à ce moment que vous devez vous mettre à l'épreuve, et les autres aussi. Vous avez gagné la vraie sagesse : c'est votre devoir de vous en servir pour le bien de l'État. Que deviendront l'État et ses citoyens, si ceux qui ont obtenu une connaissance profonde des hommes, de leurs passions et leurs mobiles.

des conditions de leur vie, au lieu de donner à l'État l'avantage de ce savoir et de cette expérience, s'enterrent et ne cherchent que le repos et la tranquillité pour eux-mêmes? Votre sagesse a été gagnée dans la société, il est de votre devoir de partager avec la société le profit de cette sagesse. »

« Je ne possède aucune sagesse. Je suis une agglomération d'erreurs. C'est vrai qu'elles sont anciennes, mais l'ancienneté ne transforme pas ces erreurs en sagesse; l'âge et la corruption, si grandes qu'elles soient, ne changent jamais l'eau en vin. »

Ayant dit cela, Julius ramassa son manteau, quitta la chambre et la maison, et, sans se reposer, se remit encore en route.

Le lendemain au soir, au moment où le crépuscule devenait nuit, Julius arriva au village chrétien. Il fut accueilli avec cordialité, quoiqu'on ne sût pas qu'il était l'ami personnel de Pamphilius qui était aimé et respecté de tous.

A table, Pamphilius aperçut son ami, et, avec un sourire aimable, s'approcha de lui et l'embrassa.

« Me voici enfin, » s'écria Julius. « Dites-moi ce que je dois faire, je vous obéirai. »

« Ne vous inquiétez pas de cela, » répondit Pamphilius, « allons-nous-en ensemble. »

Pamphilius emmena Julius à la maison réservée aux étrangers et vagabonds, et lui montra son lit.

« Vous verrez, » dit-il, « comment vous pouvez être utile aux autres. Il ne vous faut que regarder autour de vous lorsque vous serez plus accoutumé à nos habitudes. Mais afin que vous fassiez un usage profitable de votre temps demain, je vous dirai ce que vous pouvez faire. Nos frères cueillent les raisins dans les jardins, allez les aider tant que vous pourrez. Vous trouverez facilement votre place parmi eux. »

Julius alla aux vignes le matin. La première était une jeune plantation avec de riches grappes de tous côtés. Les jeunes étaient occupés à les cueillir et les emporter. Le travail était distribué entre eux, et malgré le désir de Julius de trouver quelque chose à faire, il ne pouvait pas y trouver sa place.

Il alla plus loin, et arriva à une plantation plus vieille où la récolte était moins grande. mais ici encore, il ne put trouver une place. Les frères travaillaient en couples et n'avaient pas besoin d'aide. Il continua ses recherches, néanmoins, et se trouva bientôt dans une très vieille vigne. Elle était vide. Les arbres étaient morts et tordus, et elle sembla à Julius absolument sans fruits.

« Ainsi est ma vie, » s'écria Julius en regardant autour de lui. « Si j'étais venu au premier appel, ma vie aurait été comme le fruit de cette première vigne. Si j'étais venu au second appel, elle aurait été comme cette autre plantation ; mais, maintenant, ma vie est comme ces vieilles et inutiles tiges, bonne seulement à être jetée au feu. »

Et Julius était terrifié de ce qu'il avait fait et de la pensée de la punition qui l'attendait pour avoir gaspillé toute sa vie.

Il devint très triste, et se dit : « Je ne suis bon à rien ; il n'y a plus de travail pour moi. » Il pleurait à chaudes larmes sur la perte criminelle des années qu'il ne pouvait pas retrouver.

Tout à coup, il entendit la voix d'un vieillard : « Travaillez, cher frère, travaillez. »

Se retournant, Julien vit un homme très âgé, avec des cheveux blancs comme la neige. Il était courbé par l'âge, et ses jambes chancelantes supportaient à peine le poids de son corps. Il était près d'une vigne et cueillait les quelques raisins qui se trouvaient épars. Julius s'approcha de lui.

« Travaillez, cher frère, » répétait le vieillard, « car le travail est bon. » Et il lui enseigna à chercher les quelques grappes que portaient encore les branches.

Julius se mit au travail et, ayant trouvé quelques grappes de raisins, les apporta au vieillard et les mit dans sa corbeille.

« Regardez ! » lui dit le vieillard ; « en quoi ces grappes sont-elles inférieures à celles que l'on cueille dans les autres vignes? » « Marchez « pendant que vous avez la Lumière*, » disait notre Maître. « C'est ici la volonté de Celui qui « m'a envoyé, que quiconque contemple le Fils « et croit en lui ait la vie éternelle, et je le ressus- « citerai au dernier jour. Car Dieu n'a point « envoyé son Fils dans le monde pour con- « damner le monde, mais afin que le monde « soit sauvé par lui. Celui qui croit en lui ne « sera point condamné, et celui qui ne croit

---

* S. Jean, xii. 35. Texte de la traduction française de l'évangile. A l'étranger, ce roman a été publié sous le titre : *Travaillez pendant que vous possédez la Lumière*, et quoique ce titre réponde peut-être mieux à l'argument de ces dernières pages, nous n'avons pas voulu nous écarter du texte autorisé du verset cité par le comte Tolstoï. — *(Note du traducteur.)*

« point est déjà condamné, parce qu'il n'a pas
« cru au nom du Fils unique de Dieu. Or,
« voici la *cause de* la condamnation : c'est que
« la Lumière est venue dans le monde et que
« les hommes ont mieux aimé les ténèbres que
« la lumière, parce que leurs œuvres étaient
« mauvaises. Car quiconque fait le mal hait la
« lumière, et ne vient point à la lumière, de
« peur que ses œuvres ne soient reprises. Mais
« celui qui agit suivant la vérité vient à la lu-
« mière, afin que ses œuvres soient manifestées
« parce qu'elles sont faites selon Dieu. »

« Vous êtes découragé parce que vous n'avez pas fait plus? Ne soyez pas triste, mon fils, car nous sommes tous des enfants de Dieu et ses serviteurs; nous sommes tous soldats de son armée. Croyez-vous qu'il n'a pas d'autres serviteurs que vous? Supposons que vous vous soyez dévoué à son service dans la fleur de votre âge, vous imaginez-vous que vous auriez accompli tout ce que Dieu demande? que vous auriez fait pour vos semblables tout ce qui est nécessaire pour accomplir le royaume de Dieu sur la terre? Vous dites que vous auriez fait deux fois, dix fois, cent fois plus que vous ne pouvez faire maintenant? Si vous aviez fait un milliard de fois autant que toute l'humanité ensemble, qu'est-ce que cela aurait fait dans l'œuvre de Dieu? Rien. L'œuvre de Dieu, comme Dieu lui-même, n'a point de limites ni de fin. L'œuvre de Dieu, c'est dans vous-même. Appliquez-vous à cette œuvre, ne devenez pas un ouvrier, mais un fils, et bientôt vous serez un associé de Dieu qui est infini, un participant à son œuvre. Avec Dieu il n'y a ni petit ni grand dans la vie, il n'y a que le droit et le dévié. Engagez-vous sur la voie droite et vous serez avec Dieu, et votre travail ne sera ni petit ni grand, il sera le travail de Dieu. Rappelez-vous qu'il y a plus de joie au ciel à cause d'un méchant qui se repent que pour quatre-vingt-dix-neuf justes. Les coutumes du monde et tout ce que vous avez négligé de faire vous ont démontré votre péché. Ayant vu votre péché, vous vous en êtes repenti. Et vous étant repenti, vous avez trouvé le droit chemin. Et maintenant que vous êtes sur la bonne voie, allez en avant avec Dieu, ne pensez plus au passé, ni au petit ni au grand. Tous les hommes sont égaux devant Dieu. Il n'y a qu'un Dieu et qu'une vie ! »

Julius redevint calme. Il obtint la paix de l'esprit qu'il avait tellement désirée, et il se mit à vivre et à travailler tant qu'il put, pour le bien-être de ses semblables. Ainsi il vécut heureusement pendant vingt ans, et son âme trop ravie ne lui permit pas de s'apercevoir de l'arrivée lente de la mort physique.

FIN